KB058596

데이터 천재들은 | 어떻게 기획하고 분석할까?

데이터 천재들은

어떻게 기획하고 분석할까?

조성준 · 조재희 · 김성범 · 이성임 · 조성배 · 이영훈 지음

21세기북스

우리는 두 가지 측면에서 이 책을 주목해야 한다. 첫째, 어벤 저스급 필진이 이 책에 참여했다. 서울대 조성준 교수를 포함 한 여섯 명의 필진은 국내 데이터 분야에서 최고의 석학으로 인 정받는 전문가들이다. 이 여섯 전문가의 협업이라는 사실만으 로도 이 책을 주목할 필요가 있다. 지난 30여 년간 국내 인공지 능과 데이터 마이닝 분야를 이끌어온 석학들의 경험과 노하우 가 이 책에 고스란히 녹아 있다.

둘째, 비전문가와 일반인을 위한 입문서라는 점에 주목하자. 서점에는 데이터 분석 프로그래밍, 방법론을 소개하는 전문가 들을 위한 교재와 이론서가 가득하다. 하지만 정작 데이터의 세 계로 들어서고자 하는 학생들과 일반인들에게 친절한 길잡이 가 되어주는 도서는 쉽게 찾아볼 수 없다. 최고의 전문가들이 초 심자의 눈높이에 맞춰 쓴 교양서를 통해 빅데이터 세계에 입장 하자.

데이터는 더 나은 의사결정을 가능하게 하는 최고의 수단이 다. 데이터 분석의 과정에서는 종종 수단과 목적이 뒤바뀌어 주 객이 전도되는 사례가 발생한다. 이 책은 1부에서 데이터 분석 의 목적이 더 나은 의사결정임을 명확히 함으로써, 주객이 전도

되는 오류를 범하지 않도록 안내하고 있다. 2부의 데이터 시각화에 대한 논의는 최근 이슈가 되고 있는 데이터 리터러시의 중요성과 맞닿아 있다. 시의성이 반영되어 있어 더욱 유용하다. 이후 3부에서는 지도 학습, 4부에서는 비지도 학습에 대하여 개념과 사례를 통해 쉽게 제시한다. 독자들은 어려운 코딩 문법이나 복잡한 통계학 및 기계 학습 이론에 기초하지 않고도 데이터 분석의 프레임워크를 접할 수 있다. 마지막으로 5부와 6부에서는 데이터 분석의 응용 분야인 이미지 처리와 텍스트 분석을 소개한다. 이 부분에서는 인공지능과 딥러닝의 활용 분야와 적용 사례를 쉽게 이해할 수 있을 것이다.

『데이터 천재들은 어떻게 기획하고 분석할까?』는 데이터 분석이 멀게만 느껴지는 비전공자와 일반인에게 전문가들이 쌓아놓은 높은 진입장벽을 넘어설 수 있도록 도와주는 최고의 입문서이다. 빅데이터 세계에 친절한 길잡이가 되어주는 이 책을 통해 독자들이 데이터에 대한 막연한 두려움을 떨쳐내고 흥미를 가질 수 있기를 기대한다.

황보현우
하나금융지주 그룹데이터총괄 겸 하나은행 데이터&제휴투자본부장

· · · ·

우리는 일상의 대부분이 데이터로 기록되는 시대에 살고 있다. SNS을 비롯해 검색기록, 구매내역 등 크고 작은 행동 하나하나가 모두 데이터이다. 이때 매일 생성하는 데이터는 모여서 방대한 빅데이터가 되고, 빅데이터 속 숨어 있는 인사이트는 우리가 더 나은 선택을 할 수 있게 한다. 그러나 데이터는 그 자체로 정답을 주지 않는다. 데이터를 근거로 맥락을 분석하고 현실의 문제를 해결할 때 비로소 데이터가 효용성을 갖기 때문이다. 그렇다면 우리는 어떻게 데이터를 바라보고 활용해야 할까?

『데이터 천재들은 어떻게 기획하고 분석할까?』는 바로 그러한 물음에 대한 응답이다. 오랜 경험을 가진 데이터 전문가들이 의기투합해 만든 이 책은 이제 막 빅데이터의 세계로 첫걸음을 걷기 시작한 이들에게 친절히 손을 내밀어준다. 데이터 사이의 맥락을 파악해 어떤 목적으로 어떻게 데이터를 분석해야 하는지, 생활 속에 빅데이터가 어떻게 활용되고 있는지 등은 물론 실제 기업의 사례를 소개하며 데이터 활용법을 상세히 알려준다.

10여 년 전만 해도 '데이터 사이언티스트'라는 단어 자체가 낯설었다. 문과생이 데이터나 코딩을 배워야겠다고 생각하기란 더욱 힘들었을 것이다. 하지만 이제는 모바일과 함께 데이터가 폭발하고, 비즈니스에서 가치를 창출하기 위한 데이터 과학은 필수가 되었다. 데이터 불모지로 여겨졌던 예술의 영역에서조차 데이터를 활용하고 있다. 별개의 분야라고 여겼던, 데이터를 분석하는 기술, 통계를 사용하는 지식, 비즈니스에 적용하려고 하는 인문학적 관점을 균형 있게 사용하게 되었다. 데이터가 이 시대를 살아가는 사람들에게 새로운 교양이자 역량이 된 것이다. 자연스럽게 문과생 출신 사이에서도 통계와 기술을 습득하려는 바람이 일었다. 공평하게도, 모든 것을 다 잘하는 사람은 드물다. 나는 데이터를 공부하려는 문과생들에게 '인사이트'와 '가치'를 발견할 수 있는 자신의 인문학적 강점을 뾰족하게 세워나가면서 이 책을 읽어볼 것을 권한다. 그리고 데이터를 자신의 일과 비즈니스에서 활용해보고 싶은 사람에게도 이 책이 도움이 될 것이라 생각한다. 데이터 활용법을 상세히 설명한 이 책은 각자의 강점이 데이터 기반의 날개를 달 수 있도록 도와줄 것이다. 막연하고 어렵게 느껴지던 데이터를 기업이 어떻게 활용하고 있는지 이해할 수 있는 시간이 되기를 바란다.

차현나
하이브 데이터랩장

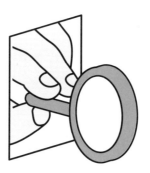

2010년 1월 한국데이터마이닝학회 회장이 되면서부터 매년 방학 때마다 서울대 데이터 마이닝 캠프를 개최했다. 데이터 분석에 관심 있는 전국의 고등학생들을 대상으로, 빅데이터의 의미, 데이터 분석 방법, 데이터를 통한 문제 해결 및 의사결정의 중요성을 가르치기 위해서였다. 이때 각 대학의 산업공학, 통계학, 경영학, 컴퓨터공학 교수들과 기업체 임직원들의 강의, 팀 프로젝트, 게임, Q&A에 이르기까지 다양한 프로그램을 활용했다.

캠프 과정을 이수한 학생들은 1990년생부터 2002년생까지 전국의 과학고, 외고, 자사고 및 일반 고등학교의 문과, 이과 학생으로 현재까지 이천여 명에 달한다. 그 가운데는 대학을 졸업하고 석박사 과정을 거쳐 데이터 사이언티스트로 사회에 진출한 이들도 있으며, 데이터 전문가가 아니더라도 자신의 전공 분야에서 데이터 분석의 중요성을 인식하고 데이터 분석을 부전공하거나 최소한의 데이터 리터러시를 배운 이들도 있다.

캠프의 프로그램을 기획하고 강의하면서, 캠프에 참여한 연구진들과 함께 캠프 커리큘럼을 참가 고등학생뿐만 아니라 대학생, 일반인에게도 꼭 전달하고 싶은 마음이 있었다. 데이터의 의미와 데이터를 바라보는 관점, 핵심 분석 방법인 시각화,

예측, 클러스터링, 그리고 이미지와 텍스트 데이터의 분석 방법 등은 전공과 무관하게 누구나 이해하고 활용할 수 있어야 하기 때문이다. 왜냐하면 빅데이터는 미래가 아니라 현재 우리의 일상에서 일어나는 일이고, 기업과 공공기관에서는 이를 활용해 중요한 의사결정을 하고 있기 때문이다. 무엇보다 이제 빅데이터는 더는 '알면 좋은' 대상이 아닌 '모르면 안 되는' 대상이 되었다.

책은 총 6부로 구성되었다. 1부에서는 누가 어떤 목적으로 데이터를 분석했는지, 분석 결과로 도출된 인사이트를 의사결정에 어떻게 활용했는지 등을 소개하는데, 구체적인 비즈니스 사례를 통해 이를 손쉽게 설명한다. 먼저 가장 중요한 단계인 기획 단계를 소개한다. 어떤 목적(가치)을 추구하고 어떤 분석 결과(인사이트)를 기대하는지, 어떤 데이터가 필요하고, 어떤 분석 방법을 사용할지 결정하는 단계이다. 또한 기획 단계에서는 데이터 전문 분석가가 아닌 해당 비즈니스 분야의 전문가가 제일 잘할 수 있다는 사실을 명심해야 한다.

2부에서는 데이터에 숨겨진 이야기를 시각적으로 탐색하고 설명하여, 의사결정자에게 통찰을 제공하는 데이터 시각화 기법을 소개한다. 이 기법은 빅데이터를 탐색하기에도 좋은 방법으로, 그래픽 기술과 통계 기법을 통합한다. 다양한 관점을 고려해야 하는 비즈니스 분야, 트렌드 변화를 신속히 파악해야 하는 대중문화 분야, 그리고 정해진 시간에 빠르게 정보를 요약, 전달해야 하는 미디어 분야 등에서 특히 인기 높은 데이터 분석 방법이다.

3부에서는 예측에 대한 중요성과 방법론에 대해 소개한다. 분류와 예측은 인공지능과 머신러닝을 이해하는 데 가장 기본이 되는 요소이다. 빅데이터에 내재된 패턴을 찾아 이를 법칙으로 만들고, 이 법칙을 통해 미래의 상황을 예측하는 과정은 올바른 의사결정을 위해 필요하다. 예측에 필요한 데이터와 이를 법칙으로 만드는 방법론, 그리고 다양한 사례에 대해 소개한다. 이때 인간의 '호기심 DNA'는 정교한 예측모델을 생성하는 데 중요한 역할을 한다.

4부에서는 3부와 달리 분류 또는 예측하려는 정보가 알려지지 않았을 때 의미 있는 정보를 추출하는 데이터 분석 방법을 말한다. 가장 대표적인 방법으로는 서로 비슷한 데이터끼리 묶어 전체 데이터를 세분화하는 '군집분석'이 있다. 군집분석에 대한 직관적인 아이디어를 제공하고, 다양한 사례를 통해 그 활용 방식을 구체적으로 살펴보자.

5부에서는 이미지/동영상을 분석하는 방법에 관해 이야기한다. 영상을 분류하거나 인식하는 문제는 인공지능 분야에서 오랫동안 다뤄온 분야다. 데이터 과학과 인공지능의 관계를 살펴보면서 실제 사용법은 다른 데이터의 분석 방법과 큰 차이가 없음을 설명한다. 또한 이 분야의 발전에 혁혁한 공을 세우고 있는 딥러닝의 원리와 가능성을 알아보고, 인공지능 시대에 데이터 분석가가 무엇을 준비해야 하는지 알아보자.

6부에서는 일상에서 가장 빈번하게 접하는 텍스트 데이터를 다룬다. 텍스트 데이터 분석이 왜 중요한지, 텍스트 데이터는 다른 데이터와 어떤 차이가 있는지를 설명한다. 특별한 사전 지식이 없어도 수행할 수 있는 직관적인 분석 방법들을 통해 텍스트 데이터에서 정보를 추출하고, 의사결정에 활용하는 일련의 과정을 소개한다. 무엇보다 텍스트 데이터의 특성을 이해하고, 적절한 분석 방법을 선택하는 것이 의사결정자에게 가장 중요한 점이라는 기본 명제를 독자들에게 전달하고자 한다.

이 책은 많은 분의 도움과 격려가 있었기에 출간할 수 있었다. 책의 씨앗이 된 서울대 데이터 마이닝 캠프를 적극적으로 지원해주셨던 인하대 박헌진 교수님, 동국대 이영섭 교수님, 서울대 김용대 교수님께 감사한다. 그리고 연구자인 나를 집필의 세계로 안내한 장보라 전 21세기북스 서가명강 팀장과 프로젝트의 중심을 잡고 한 권의 책으로 깔끔하게 엮어낸 강지은 현 팀장에게 진심으로 고맙다. 오랜 기간 서울대 데이터 마이닝 캠프에 참여했지만, 개인 사정으로 집필에 참여하지 못한 인하대 박헌진 교수님과 바이브컴퍼니 송길영 부사장님께도 감사함을 전한다. 끝으로 그동안 데이터 마이닝 캠프에 참가하고 적극적으로 의견을 개진해, 이 책을 만드는 데 도움을 준 학생들에게 고마운 마음을 전한다.

2022년 3월

조성준

차례

추천사　　4
프롤로그　9

1부　데이터 문맹 탈출, 반드시 알아야 할 데이터 상식

더 나은 의사결정을 위한 빅데이터　　19
좋은 기획이 빅데이터의 가치를 결정한다　　24
어떻게 빅데이터를 분석할 것인가　　43
비전공자가 데이터 전문가로 성장하는 방법　　48
기획과 분석, 핵심 원리만 이해하면 성공한다　　56

2부　데이터 시각화로 트렌드를 읽어라

복잡한 정보를 시각적으로 탐색하면 생기는 변화　　69
데이터에 숨어 있는 본질을 발견하다　　73
데이터 마이닝과 비즈니스 인텔리전스가 만나면　　88
결국 다양한 데이터 경험이 중요하다　　109

3부　분류와 예측, 미래를 읽는 가장 확실한 방법

인공지능과 머신러닝을 움직이는 기본 원리　　115
데이터 활용은 분류와 예측에서 시작한다　　117
함수를 찾으면 미래가 보인다　　131
무한한 가능성의 인공지능　　141

4부 **데이터를 끼리끼리 뭉쳐 보는 군집분석의 힘**

데이터의 특징을 파악해야 하는 이유 149
군집분석, 어디에 어떻게 쓰일 것인가 156
데이터 간 거리를 읽으면 결과가 명확해진다 162
중요한 의사결정일수록 반복적으로 분석하라 174

5부 **인공지능, 더 빠르고 능숙하게 이미지를 분석하다**

기계가 인간처럼 스스로 학습하고 분석하는 세상 181
단순한 원리로 극강의 성과를 내는 딥러닝 187
알파고 이후 인공지능이 만든 놀라운 성과들 196
앞으로 10년, 빅데이터로 준비하는 미래 204

6부 **비즈니스 성패를 가르는 텍스트 데이터에 주목하라**

우리는 모두 텍스트 데이터에 의존한다 211
비정형 데이터도 분석하기 쉽게 만드는 해법 216
텍스트 데이터와 소통하면 인사이트가 보인다 230
합리적 의사결정을 위한 데이터 역량을 키워라 246

부록 빅데이터 직업 제대로 알기 260
데이터 전문가를 키우는 대학들 262
Q/A 묻고 답하기 264

1부

데이터 문맹 탈출, 반드시 알아야 할 데이터 상식

조성준

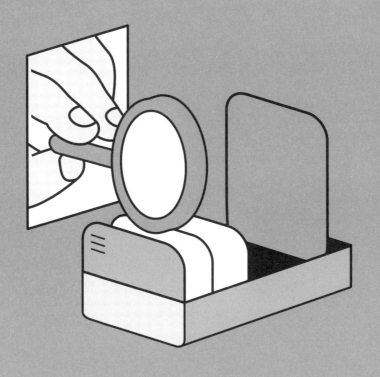

개인이나 조직은 문제를 해결하기 위해서 가능한 여러 대안을 모색한 다음, 그중 가장 합리적인 방안을 선택해 의사결정을 한다. 이 과정에서 중요한 것은 해당 문제에 대한 빅데이터와 빅데이터에서 도출한 인사이트insight다. 가령 의사는 자신의 전문지식과 경험, 그리고 감을 활용해 환자의 상태를 파악하고 진단한다. 이때 전 세계 의사들의 경험을 공유하거나 환자의 몸에 센서sensor를 설치해 환자의 상태를 실시간으로 파악할 수 있다면, 더욱 정확한 진단과 처방이 가능할 것이다. 이처럼 빅데이터는 더 나은 의사결정을 위한 중요한 바탕이 된다.

더 나은 의사결정을 위한 빅데이터

데이터 마이닝Data Mining, 즉 분석이란 무엇일까? 이를 이해하기 위해서는 먼저 '데이터'가 무엇인지 알아야 한다. 분석에서의 데이터는 우리가 흔히 말하는 '빅데이터'를 의미한다. 그렇다면 빅데이터는 무엇일까? 빅데이터는 VVV, 즉 3V로 설명할 수 있다. 3V는 바로 Volume, Velocity, Variety를 말한다. 이 중 'Volume'은 양이 많다는 것, 'Velocity'는 생성 속도가 빠르다는 것, 'Variety'는 다양성을 뜻한다.

첫째로 어마어마한 데이터의 양부터 살펴보자. 그 많은 데이터는 어디에서 오는 걸까? 대부분이 소셜미디어가 출처다. 페이스북, 트위터, 인스타그램을 비롯해 구글이나 네이버까지 모두 소셜미디어라고 총칭할 수 있다. 내가 SNS에 쓴 글이며 포털에서 검색한 것 모두가 다 데이터인 셈이다. 어느 매체를 통하건 '서울대 데이터 마이닝 캠프'라고 검색하는 순간, 이미 우리는 데이터를 생성한 것이다. 이때 언제, 어디에서, 누가 이런 검색을 했는가 하는 것이 중요한 정보가 된다.

두 번째 V는 빠른 생성 속도다. 사물인터넷Internet of Things, IoT 또한 데이터 생성지다. 공장이나 도로, 항만, 차량에 붙어 있는 내비게이션, 개인이 소유한 휴대폰 모두가 사물인터넷인데, 지금 이 순간에도 사물인터넷은 우리가 현재 어디에 있는지 위치를 추적해서 계속 시그널을 보내고 있다. 이와 같은 데이터들은 그야말로 순식간에 발생한다. 전 세계 소셜미디어 사용자들 역시 시시각각 텍스트와 이미지, 동영상을 열심히 업로드한다. 해당 기업 입장에서는 전 세계에서 24시간 내내 올라오는 데이터의 생성 속도가 감당하기 힘들 정도로 매우 빠를 것이다.

마지막 'V'는 데이터의 다양성이다. 보통 데이터라고 하면 숫자를 생각하기 쉽지만, 빅데이터는 텍스트와 이미지, 동영상, 그리고 소셜네트워크 등 복잡하고 다양한 요소로 구성되어 있다.

핵심은 '데이터-인사이트-가치'

3V와 같은 데이터의 특징은 주로 빅데이터를 저장 · 관리 ·

분석해야 하는 IT 전문가들의 관심사이면서, 이들이 해결해야 할 문제이다. 하지만 이제는 IT 계열에 종사하는 사람들이 아니더라도 빅데이터와 떼려야 뗄 수 없는 삶을 살고 있다.

외식을 하기 위해 식당에 있다고 가정해보자. 혹시 식당에서 밀가루와 쇠고기를 얼마나 구입해 어디에 보관하는지, 식자재를 어떤 방법으로 보관하고 어느 정도 시간이 지나면 폐기해야 하는지에 대해 고민하는가? 레스토랑의 주방 스토브 가운데 하나가 고장이 났다면 언제 수리기사가 오는지, 누가 그를 맞이할 것인지 고민하는가?

우리는 각자 자신이 필요한 것, 원하는 것이 무엇인지만 생각하면 된다. 외식의 경우 손님은 자신을 만족시켜줄 수 있는 요리만 생각하면 된다. 나머지 고민은 요리사와 식당 주인이 해결해야 할 문제다. 식당에 준비된 재료는 셰프의 손길이 닿으면 요리로 바뀌고, 요리는 손님이 먹으면 그의 만족과 포만감으로 바뀐다. 이때 식재료는 빅데이터, 셰프는 분석가, 요리는 인사이트, '먹는다'는 행위는 비즈니스 액션, 만족은 비즈니스 가치로 치환할 수 있다. 곧 데이터는 가치value를 만드는 인사이트의 재료가 되는 것이다. 이것이 우리가 데이터를 대하는 자세에서 가장 중요한 개념이다.

다음 도식은 '데이터-인사이트-가치'의 흐름을 표현한 것이

'데이터-인사이트-가치'의 흐름

다. 데이터가 인사이트가 되고, 인사이트가 가치가 되는 흐름을 이해하는 것이 중요하다. 이때 분석은 데이터를 인사이트로 바꿔주는 과정으로, 여기서 데이터를 분석하는 사람이 바로 데이터 사이언티스트Data Scientist이다. 분석에 사용하는 도구로는 인공지능, 머신러닝 등이 있다.

'데이터-인사이트-가치'의 흐름을 보면 데이터를 가지고 분석을 수행하면 인사이트가 도출된다는 것을 알 수 있다. 하지만 인사이트를 얻었다고 해서 끝이 아니다. 요리가 완성되었다고 끝이 아닌 것과 같다. 식당 손님이 음식을 먹어야만 음식의 진정한 가치가 발현되는데 이때 식당의 고객이 바로 의사결정자Decision Maker가 된다. 기업에서는 이를 실무자, 현업이라고 부른다. 사실 조직 내 데이터 사이언티스트가 아닌 나머지 사람이 모두

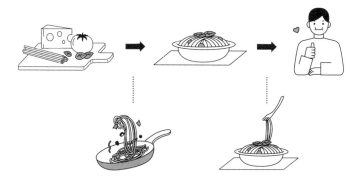

식재료가 요리가 되고 요리는 고객에게 만족과 같은 가치를 선사한다. 그 가치를 활용하는 것은 고객의 몫으로 이는 의사결정자의 역할과 같다.

여기에 속한다. 기업이라면 제품을 설계하는 제품설계, 각종 장비를 운용하여 실제 제품을 만드는 엔지니어링, 제품을 누구에게 어떻게 판매할지 계획하는 마케팅, 실제 고객을 만나 판매하는 영업, 회사에 필요한 자금을 조달하고 관리하는 재경, 이 모든 사람을 채용하고 관리하는 인사 직군이 그러하다. 공공기관이라면 대통령부터 국무총리, 장관, 차관, 국장, 과장 등을 포함한 모든 이가 의사결정자라고 볼 수 있다.

좋은 기획이 빅데이터의 가치를 결정한다

지금 이 순간에도 세계 곳곳의 수많은 데이터 사이언티스트들은 빅데이터로 어떤 가치를 만들어낼 수 있을지 골몰하고, 잘 짜인 기획에 따라 데이터를 수집하여 분석하고 있다. 몇 가지 사례를 토대로 다양한 종류의 데이터 중 숫자로 된 전통적인 데이터를 통해 어떤 비즈니스 가치를 창출했는지 들여다보자. 그리고 최근 많은 관심을 받는 텍스트 데이터와 텍스트 못지않게 폭발적으로 생성되고 있는 이미지와 동영상 데이터에 대해서도 살펴볼 것이다. 참고로 이 책에 소개되는 사례는 빙산의 일각으로, 일상생활에서 빅데이터 가치가 적용되는 경우는 수없이 많다.

① 어떤 옷이 몇 개나 팔릴까 묘사 분석

자라Zara는 대표적인 패스트 패션 브랜드이다. 기존에는 대량 생산하고 남는 것은 모두 폐기했으며 어떤 옷은 만든 수량의 10%도 팔리지 않았다. 이는 회사에 엄청난 손실로 이어지고 결국 가격에 반영되어 소비자에게 전가되고 만다. 물론 환경에도 악영향을 끼친다. 그렇기에 패스트 패션 산업에서는 한꺼번에 대량으로 만드는 대신, 1차로 소량만 제조하여 소비자에게 공급한다. 리테일(소매와 유통)의 끝단인 매장에서 고객의 구매내역을 데이터로 실시간으로 모니터링하는 것이다.

예를 들어 두 가지 디자인, 네 가지 색깔의 봄 상품 원피스가 출시되면 매장별, 디자인별, 컬러별, 사이즈별 판매 데이터를 실시간으로 받는다. 이를 토대로 시장 수요에 맞추어서 2차 생산에서는 잘 판매되는 디자인과 컬러, 사이즈만 더 제작하고 나머지는 만들지 않는다. 혁신적인 생산과 물류 시스템으로 1~2주 내로 최종적으로 상품을 매장까지 배송한다. 이후 판매 데이터 모니터링을 통해 3차 생산 대상을 결정한다. 기존의 방식과의 차이는 바로 매장 판매 데이터 확보 및 실시간 모니터링, 즉 빅데이터 수집 및 묘사 분석을 통한 인사이트 도출이다. 창출된 가치는 '팔릴 것만 만든다'로, 판매되지 않는 재고량을 최소화하여 비용을 절감하는 것이다. 당연히 인기 있는 상품을 빠르게 만들어 고객의 니즈를 충족시킬 승산이 크다.

② 불량품을 초기에 처리하다 예측 분석

반도체는 수백 개의 공정을 통과하면서 완성까지 수개월이 소요되는 까다로운 제품이다. 최종 공정이 끝난 후에는 전수 검사를 하지만, 중간 단계에서는 제품의 4% 정도만 대상으로 샘플 검사를 한다. 그러다보니 초기 공정에서 불량이 발생해도 마지막 공정까지 불량이 발견되지 않고 작업이 진행될 수 있다. 즉, 이미 불량이 되어 회복될 수 없는 재공품에 대해서도 작업을 함으로써 제조비용이 낭비된다. 그래서 제조 도중에 검사하지 않는 나머지 96%의 재공품에 대해 검사값을 예측하려는 시도를 한다. 이를 위해서는 과거에 검사했던 빅데이터가 반드시 필요하다. 이 과정에서 불량으로 예측된다면 해당 재공품을 폐기하고, 문제가 되는 공정과 공정 요소를 파악하여 조치할 수 있다. '가상 계측'이라고 하는 이 방법은 반도체 외에도 다양한 제조 공정에 적용되어 검사 효율을 높이고 불량 재공품을 초기에 처리하여 비용 절감을 할 수 있게 돕는다.

③ 품질 검사 통과 기준은 적절한가 진단 분석

소비자가 제품을 사용하다가 초기에 문제가 발견되어 서비스 센터에서 물건이 '제조 불량'으로 판정되는 사례는 빈번하다. 분명 제조 공정의 마지막 단계에서는 모든 제품에 대해 수십에서 수천 개 항목에 대한 품질 검사를 하고, 모든 항목을 전부 통과해야만 정상 상품으로 출시된다. 그렇다면 어떻게 제조 불량이 나올 수 있을까? 첫 번째는 검사 종목이 불충분한 경우다. 현재 검사 항목에 추가되어야 할 항목이 있는 것이다. 두 번째는 현재 검사 기준이 부적절한 경우다. 이를 위해서 AS 데이터와 공정 내 품질 검사 데이터를 확보하여 결합해야 한다. 즉, 시장 품질에 문제가 생긴 제품은 검사 통과는 했으나 그때 검사값에 어떤 공통점이 있는지 찾아야 한다.

개념은 너무도 간단하지만 이를 현실에서 적용하기에는 어렵다. 첫째, AS 부서와 제품 검사를 하는 담당 부서가 다르기 때문이다. 부서 간의 목표가 다를 뿐 아니라 서로 대화도 잘 하지 않는다. 둘째, 동일한 제품에 대해 한쪽에서는 제품번호로 관리를 하고, 다른 쪽에서는 일련번호로 관리한다. 그렇기에 양쪽 번호 시스템을 연결시켜야 한다. 셋째, 빅데이터 분석에서 나오는 인사이트에 대해 의사결정 주도권이 누구에게 있으며 누가 책임을 질 것인지의 소재가 불분명하다. 예를 들어, 현재 검사 기준이 '5-15'인데 이를 '5-12'로 바꾸면 제품 불량의 확률이 줄어든다고 하자. 그 검사 기준의 변경에 대한 결정은 누가 하는가? 누구에게 그 권한이 있으며, 혹시 잘못되었을 때 누가 책임을 지는가? 가령 바뀐 검사 기준을 적용하면 제조 불량도 있지만, 정상제품도 포함될 경우가 있을 수 있다. 이렇게 되면 생산량이 감소하므로 제조 팀장이 반대할 수도 있는 것이다. 이때 부딪히는 문제는 인사이트를 찾아내는 데이터 사이언스 기술 밖의 영역에 있다. 경영과 관계된 의사결정에 해당하는 것으로, 이러한 의사결정의 책임은 경영진들의 몫이다.

④ 어떤 콘텐츠가 인기일까 예측 분석

코로나19로 인해 밖에서 지인들과 모임을 갖는 대신 집에 머물면서 TV 앞에 앉아 있는 시간이 늘어났다. 이는 전 세계적으로 넷플릭스의 인기를 더욱 부상시켰다. 불특정 다수를 대상으로 허공에 소리를 지르는 것 같은 공중파나 종편 방송국과 달리, 넷플릭스는 가입자가 로그인해서 콘텐츠를 소비하므로 이들의 정확한 시청 데이터를 갖고 있다. 언제 어떤 콘텐츠를 보기 시작했는지, 끝까지 보았는지 혹은 보다 말았는지, 가입자의 콘텐츠 시청 지점까지 데이터화하고 있는 것이다. 이를 토대로 유사한 콘텐츠를 추천하기도 하는데 전체 매출의 무려 60%가 '추천' 카테고리에서 나온다고 한다.

영화나 드라마는 자신만의 스토리가 있는 작가나 감독이 시나리오를 쓰고 이를 읽은 투자자가 마음에 들어 펀딩을 하면, 제작비에 맞춰 배우를 선정하고 촬영 방식과 장소 등을 결정하여 제작하게 된다. 완성된 작품을 대중에게 보여주고, 이에 대한 평가와 호불호는 관객 수나 시청률 등의 지표를 통해 알게 된다. 물론 외국에서 흥행한 작품을 가져다 리메이크하는 경우도 있지만 해외 사례를 국내에 적용해 흥행을 예측하기란 쉽지 않다. 바로 이런 경우, 빅데이터를 활용해 훌륭한 기획을 펴낼 수 있다.

넷플릭스가 제작해 전 세계적으로 선풍적인 인기를 끌었던 막장 정치 드라마 〈하우스 오브 카드House of Cards〉가 좋은 사례이다. 이 드라마는 영국에서 먼저 만들어져 흥행을 이끌었는데, 넷플릭스는 미국 버전을 만들어 볼까 하고 생각했다. 보통은 3~4개 에피소드를 제작해서 시청자들의 반응을 본 후에 첫 시즌 제작 방영을 결정하고, 첫 시즌 성적을 본 뒤에야 두 번째 시즌 제작을 결정한다. 그런데 넷플릭스는 이 과정을 모두 생략하고 1200억 원(약 1억 달러) 이상을 투자하여 곧바로 2개 시즌 분량의 드라마를 제작했다. 어쩌면 무모한 도박으로 보이지만 넷플릭

amazon　　고객 사용내역 ➡ 누가 어떤 제품 구매할까? ➡ 추천 매출 40%

NETFLIX　　고객 시청내역 ➡ 누가 어떤 영화 구매할까? ➡ 추천 매출 60%

고객의 데이터를 통한 의사결정과 매출 증가

스는 이미 가입자들의 시청 데이터를 분석하여 그들이 어떤 유형의 콘텐츠를 원하는지 잘 알고 있었기 때문에 곧바로 의사결정을 할 수 있었다. 넷플릭스 가입자들은 영화 〈소셜 네트워크The Social Network〉의 감독 데이비드 핀처와 케빈 스페이시가 출연한 영화들을 매우 좋아한다는 점과 영국판 〈하우스 오브 카드〉를 시청한 가입자들이 케빈 스페이시나 데이비드 핀처 감독의 다른 작품을 많이 시청했다는 점을 데이터를 통해 알고 있었다. 이로부터 영국판 〈하우스 오브 카드〉를 미국 시청자들이 좋아하는 핀처 감독과 스페이시 주연으로 미국 드라마로 다시 만든다면 이 역시 흥행할 것이라는 결론을 내렸다. 그렇다면 어떠한 결과가 나왔을까?

이 드라마는 시작하자마자 성공했다. IMDB 리뷰에서 8.7점을 받았고, 석 달 만에 미국에서 신규 가입자 2백만, 해외에서 신규 가입자 1백만이 추가되어 864억 원의 매출을 기록했다. 넷플릭스는 〈더 크라운The Crown〉(IMDB 8.7점) 같은 드라마도 빅데이터를 활용해 제작 결정을 했다. 최근 넷플릭스는 한국에서 서비스를 하면서 한국인의 시청 패턴을 이해해 이를 토대로 한국 가입자에게 맞춤한 콘텐츠를 직접 제작하고 있다. 한국 가입자의 데이터를 기초해 아시아 전체에 인기가 있을 법한 콘텐츠를 기획하고 제작하는 것이다. 물론 〈오징어 게임〉처럼 미국이나 유럽, 남미에서도 그 콘텐츠가 인기를 끌 수 있다면 그건 덤이다.

⑤ 누가 회사의 인재로 클까 예측 분석

인사 부서에서 신입사원을 선발할 때, 입사 시 확보한 이력서, 인적성검사 등의 자료만으로 향후 5년, 10년 후의 성과를 예측할 수 있을까? 물론 '성과'를 어떻게 측정할 것인지 판단하는 것은 어렵지만, 기업에서는 직원의 고과 또는 평가를 지속적으로 진행한다.

미래의 성과를 현재의 데이터로 예측하는 것은 충분히 가능한 일이다. 실제 A기업의 입사 자료를 바탕으로 현재 고평가자와 저평가자의 특징을 분석했는데, 데이터값이 확연히 다르게 나타났다. 이는 어떤 사람이 미래의 인재가 될 가능성이 높은지 빅데이터가 예측할 수 있다는 얘기와도 같다. 또한 직무별 사원들의 데이터를 통해 각각의 부서에 해당하는 인재의 데이터값이 다르다는 것을 발견했다. 이러한 빅데이터를 통해 얻은 인사이트는 기업에서 신입사원을 뽑을 때 유용하게 적용할 수 있다. 'A사의 인재상'을 내세우며 신입사원을 전사적으로 선발하기보다는 특정 사업부나 부서마다 자신들에게 알맞은 맞춤형 인재를 선발할 수 있기 때문이다.

⑥ 신용카드 거래가 사기 거래인가 예측 분석

예측 분석의 또 다른 사례는 신용카드의 사기 거래 검출이다. 특히 해외여행 시, 카드 번호가 유출되어 귀국 길에 오른 비행 중에 여행에서 사용했던 카드로 결제되는 경우이다. 당연히 고객이 사용한 것은 아니다. 그러나 카드사 입장에서는 고객이 해당 거래 직전에 해당 국가에서 여러 차례 거래를 했기에 정상 거래인지 사기 거래인지 판정하기가 어렵다. 과거의 경험을 되살려 '전문가'들이 명제 형태로 만들어둔 지식 기반 시스템보다는 수억 건의 해외 거래 데이터를 빅데이터화한 후, 예측 분석 모델을 만드는 것이 더 나은 결과를 낸다. 이때 거래 시간, 거래 금액, 거래자 과거실적 등 다양한 변수가 사용된다. 이 시스템은 24시간 작동되고, 각 거래에 대해 사기 가능성 스코어를 주기 때문에 실무자가 아침에 출근하여 간밤에 발생한 해외 거래 중 스코어가 높은 것들만 자세히 검증함으로써 일손도 줄이고 사기 거래 탐지 성능도 획기적으로 향상시켰다.

⑦ 소셜미디어에서 투자 힌트를 얻을 수 있을까 예측 분석

오늘날 대부분의 사람들은 끊임없이 남이 만든 텍스트 데이터를 소비하면서 동시에 자신도 텍스트 데이터를 생산한다. 스마트폰의 보급과 트위터, 페이스북, 인스타그램 같은 소셜미디어로 인해 텍스트와 이미지, 동영상 데이터가 폭발적으로 증가하고 있는 것이다.

소셜미디어 앱이 등장하기 전에는 투자 정보를 주고 토론하는 플랫폼이 웹상에서 인기 있었다. 대개 기관 투자자보다는 일반인 투자자, 소위 개미 투자자들은 얻기 어려운 정보를 찾거나 자신의 의견을 피력하고, 다른 투자자의 의견을 듣거나 자신이 매수한 종목의 가격이 내려가거나 매도한 종목의 가격이 올라갈 때 플랫폼에 접속해 정보를 교류했다. 영국 등지에서는 트위터에서 사람들이 종목에 대해 어떤 이야기를 하는지 분석하여 여기에 맞는 펀드를 만들기도 했다.

일례로 네이버 투자 카페만 보더라도 개미 투자자들이 어떤 종목에 대해 어떤 이야기를 나누는지 텍스트를 확보할 수 있고,

이를 분석하여 특정 종목에 대한 칭찬 또는 비난이 투자율과 어떠한 상관관계를 보이는지 검증해볼 수 있다. 또 여기서 특정한 패턴이 발견된다면 이를 활용하여 투자할 수도 있다.

⑧ 기업의 미래 가치와 직원들의 회사 평가의 관계는? 묘사 분석

미국의 글래스도어Glassdoor는 한국의 잡플래닛처럼 회사에 대한 평을 가감 없이 볼 수 있는 채용 웹사이트다. 글래스도어에 전·현직 직원들이 올리는 글의 양과 질은 굉장히 풍부하다. 급여, 워라밸, 경영진의 비전 및 리더십, 동료들의 수준 등에 대한 수치와 문자화된 주관적인 평을 통해 회사의 평판을 파악할 수 있다. 이 같은 정보는 구직자가 특정 회사에 지원하기 전에 내부자들의 솔직한 이야기를 상세히 엿볼 수 있으며, 기업 측에서도 이 데이터를 활용해 전·현직 직원들이 회사에 대해 갖고 있는 생각을 들여다볼 수 있다. 나아가 인사 부서에서는 채용 사이트의 텍스트 데이터를 기초로 체계적인 묘사 분석을 통해 인사이트를 도출할 수 있다. 심지어는 퇴사한 직원들의 퇴사 사유를 정확히 파악할 수 있게 한다.

대개 인사팀이 퇴사하는 직원에게 그 사유를 물어보면 '재충전', '공부', '창업 준비' 등을 이야기한다. 가령 '짜증나는 부장 때문에', '회사의 미래가 안 보여서', '동료들이 한심해서', '다른 곳에서 급여를 더 준다고 해서' 등과 같은 진짜 이유를 말하지 않는다. 하지만 글래스도어에는 진짜 퇴사 이유를 파악하고 이를 통해 인사이트를 추정할 수 있는 텍스트 데이터가 무수히 존재한다. 누구나 접근 가능한 데이터이기에 이를 확보하여 분석하면 회사의 미래 가치를 추정해낼 수도 있다.

⑨ 해시태그와 이미지로 트렌드를 파악할 수 있을까 묘사 분석

소셜미디어, 특히 페이스북과 인스타그램은 우리가 어디서 누구와 무엇을 하며 일상을 함께 보내는지를 보여준다. 물론 누구나 자신이 어렵고 힘들어하는 모습보다는 기쁘고 즐거워하는 순간을 사진에 담아 업로드한다. 어떤 옷을 입고 어떤 장소에 있는지, 이미지가 중요해졌다. 그래서 레스토랑과 카페에서는 다른 어떤 요소보다 인테리어에 신경 쓰고 투자도 많이 한다. 그래야 '핫플레이스'가 되어 인플루언서들이 사진을 자주 올려 유명세를 얻으면 일반인들이 따라서 방문하기 때문이다. 반대의 시각에서 본다면 소셜미디어의 해시태그와 이미지 분석을 통해 지금 이 순간 어떤 카페가, 어떤 골목이, 어떤 동네가 뜨는지 알수 있다. 지난주 대비, 지난달 대비 어디가 '핫'하게 떠오르는지 파악할 수 있는 것이다. 이런 인사이트는 소비자에게 핫플레이스 추천으로 사용될 수 있고 부동산 투자의 자료로 사용될 수 있다. 서울만 해도 로데오거리를 시작으로 가로수길, 청담, 홍대, 합정, 연남동, 북촌, 성수동, 이태원, 경리단길, 그리고 익선동 등 많은 곳들이 지역의 흥망성쇠, 기승전결을 거치게 되었다. 즉, 평범한 곳이었다가 점점 뜨거워졌다가 어느 순간부터 차갑게 식게 된다. 그렇다면 기승전결은 과연 어떻게 알 수 있는가?

'힙'한 카페와 음식점이 들어와 사람들이 모이기 시작하면, 점점 더 많은 카페와 음식점이 들어온다. 인근에 스타벅스와 올리브영이 생기면, 프랜차이즈 업체가 하나둘씩 따라 들어온다. 이제 임대료가 너무 올라 처음에 들어왔던 카페와 음식점이 하나둘씩 지역을 떠나기 시작한다. 자, 이것이 종말의 시작인가? 우리가 아는 많은 핫플레이스의 현재는 기승전결의 어느 단계에 와 있는가? 다양한 해시태그와 이미지를 분석하면 이런 질문에 대해 객관적인 대답할 수 있을 것이다.

⑩ 광고 모델에 대한 대중의 생각을 알 수 있을까 묘사 분석

소셜미디어에는 핫플레이스 관련 글만 있는가? 아니다. '핫피플'에 대해서도 언급이 많다. 가장 많은 것은 연기자, 가수 등 연예인에 관한 언급이다. 사실 특정 연예인에 대한 대중의 인식을 객관적으로 정확히 이해하려면 해당 연예인이 소셜미디어에서 언급될 때 함께 사용되는 형용사를 살펴보면 된다. 물론, 소셜미디어상의 인지는 그 사람의 본질과는 거리가 멀거나 아예 상관이 없을 수도 있다. 왜냐하면 대중은 특정 연예인이 매체를 통해 노출되는 일부분만 보고 판단하기 때문이다. 그런데 어떤 성품의 사람인지 그 본질이 아니라 대중이 어떻게 그 사람을 인지하는지에 관심이 있는 사람들이 있다. 바로 광고 제작사가 그들이다.

광고에 등장하는 연예인은 해당 제품이나 서비스의 이미지와 맞아야 한다. 이때 필요한 객관적인 인사이트가 바로 대중이 인식하는 연예인의 이미지인 것이다. 똑똑한 이미지의 연예인은 누구인가? 발랄한 이미지의 연예인은? 우아한 이미지는? 소셜미디어 분석을 통해 파악한 형용사들로부터 찾아야 한다. 그래야 객관적인 의사결정을 할 수 있다. 이때 피해야 하는 것이 광고주의 '편견'이다. 소비자, 즉 대중이 가지고 있는 이미지가 광고에서는 더 중요하다.

⑪ 인공위성 사진으로 곡물 작황을 예측할 수 있을까 묘사 분석

텍스트 못지않게 폭발하고 있는 데이터가 이미지, 동영상 데이터이다. 2020년에 지구 궤도를 도는 6천여 대의 인공위성 가운데 지구 표면 사진을 찍는 정찰위성은 150대 정도이다. 과거에 군사용으로만 사용하던 사진들을 민간에서 활용할 수 있도록 판매하고 있고, 일부는 무료로 공개하고 있다. 이미지 빅데이터를 활용하여 인공지능 시스템을 구축하면 전 세계 곡창지대 이미지의 컬러 상태를 보고 수개월 후 수확기의 풍작 또는 흉작 여부를 예측할 수 있다. 또 기업의 야적장 이미지로부터 얼마나 많은 제품이 선적되어 판매처로 향하는지 실시간으로 확인 가능하고, 백화점 주차장 이미지로부터 주차된 자동차의 대수를 추정하여 매출의 변화 추이를 실시간으로 파악할 수도 있다.

미국의 오비털 인사이트Orbital Insight사는 인공위성 이미지를 활용하여 전 세계 어디에서 어떤 일이 일어나는지 문밖에 나가지 않고도 알아내는 방법을 찾아냈다. 다양한 전투기와 폭격기의 모양을 전 세계의 공군 기지에서 정확히 찾아낼 수 있는 것이다. 어떤 모델의 공군기가 어느 기지에 몇 대 있고 어떤 모양으로 주차되어 있는지, 특정 차량의 이동 및 위치도 파악이 가능하다.

이 회사는 중국 신장 위구르 자치구의 두 지역의 특이점을 발견했다. 먼저 위리Yuli 캠프라고 알려진 곳의 인공위성 이미지를 분석했다. 2016년에는 아무것도 없던 허허벌판에 2017년에는 점차 건물이 들어서기 시작하더니, 2018년에는 거대한 건물 구조체가 완성되었다는 사실을 알아냈다. 다른 지역인 쿠얼러Korla 캠프 주변의 인공위성 이미지를 살펴보니, 이동 차량의 수가 2018년 3월까지는 단 한 대도 없다가 갑자기 증가하기 시작해, 건물이 완성된 2019년 3~4월부터는 증가한 차량 수가 일정한 수준으로 유지된다는 걸 알아냈다. 앞서 두 지역 모두 해당 지역 무슬림들을 영장도 없이 강제로 구금하고 '재교육'시키는 캠프로 의심을 받고 있는 곳이다.

⑫ 수학 문제 사진으로 유사 문제를 추천할 수 있을까 분류/예측 분석

개인이 찍는 이미지도 중요하게 활용될 수 있다. 많은 학생들이 수학을 포기한다고 하는데 안타까운 일이다. 수학 문제를 풀다가 막히면 포기하지 말고 끝까지 고민해서 풀어내야 하지만 요즘같이 해야 할 공부가 많은 상황에서는 불가능할 것이다. 이런 경우, 일단 정답 풀이를 보고 이해한 후에 유사한 문제 풀이를 시도해보는 것이 좋은 방법일 수 있다. 그런데 문제는 선생님이 공부할 때 늘 옆에 있는 게 아니라는 것이다. 이를 정보통신 기술로 해결할 수 있다.

문제를 휴대폰으로 찍어서 학원에 보내면 학원에 있는 인공지능 시스템이 (24시간 아무 때나) 해당 문제 이미지를 '보고', 데이터베이스에 들어 있는 수십만 개의 문제 중에 어떤 문제인지 연결해 문제의 답을 학생에게 보내주는 것이다. 해답을 보고 학생이 문제를 이해했다면, 데이터베이스에서 이와 유사한 문제를 학생에게 보내 문제해결 원리를 파악했는지 확인할 수 있다. 마치 선생님이 24시간 옆에 있는 것과 같다. 이때 사용되는 문제 판별기는 수많은 문제 이미지 빅데이터로부터 학습된 알고리즘으로 예측 모델링의 인사이트 도출로 볼 수 있다.

⑬ 사진으로 보험 청구하면 1시간 내 보험금 받을 수 있을까 묘사 분석

최근 미국에서 돌풍을 일으키는 P2P 보험사 레모네이드 Lemonade는 주택보험에 가입한 가입자가 보험금을 청구할 때, 복잡한 서류를 작성하거나 심지어 평가사가 집을 방문해서 얼마나 파괴되었는지 판정하는 절차를 모두 생략했다. 대신 가입자는 보험사의 애플리케이션을 통해 태풍으로 지붕이 날아갔다거나 나무가 집을 덮쳐 지붕이 파손되었다 등을 설명한 후, 해당 항목의 상태를 보내면 그것으로 청구 과정이 끝난다. 보험사는 가입자가 보내온 데이터를 보고 이를 판정해 1~2일 만에 보험금을 가입자에게 지급해준다. 빅데이터 기반의 자동 청구 프로세스를 통해 복잡한 절차가 간편화되고 소요 시간이 단축된 것이다.

⑭ 경기 데이터 분석으로 경기력을 향상시킬 수 있을까 묘사 분석

야구는 다른 구기 종목에 비해 경기 내 선수들의 행동 자체가 연속되지 않는 이산적인 스포츠다. 투수가 공을 던질 때는 아무도 움직이지 않고, 타자 앞으로 공이 왔을 때에만 타자가 스윙을 하여 맞추려고 한다. 따라서 동작 하나하나를 따로 떼어내 측정하고 기록하기가 용이하다. 선수 개인의 행동 하나하나가 모두 데이터화될 수 있기 때문이다. 이때 최고의 관심사는 당연히 투수다. 던지는 공 하나하나의 속력, 포수가 공을 받은 위치, 공의 궤적, 스트라이크인지 볼인지 심판의 판정, 직구인지 커브인지 등의 구질 등이 기록된다. 오래전부터 이런 데이터를 기반으로 선수에 대한 분석 기술이 발달되었는데, 그러다보니 선수의 가치에 대한 주장이나 이론이 많이 나왔고 이를 바탕으로 세이버 매트릭스Sabermetrics라는 통계학적·수학적인 방법론이 도입된 평가 시스템도 개발되었다.

반면 농구나 축구는 경기 내 선수들의 동작이 연속적이다. 또한 사람이 움직일 때 다른 사람들이 모두 동시에 움직인다. 야구와 달리 동작 하나하나를 떼어내어 기록하기가 어렵다. 따라서 객관적인 수치로 분석하는 선수 평가가 야구에 비해 덜 발달되었다. 그런데 변화가 오기 시작했다. 이제는 경기 장면을 여섯

대의 카메라가 동시에 촬영하고, 경기 후에 여섯 개의 동영상을 동시에 분석하여 매 순간 선수들이 경기장의 어느 지점에 위치하고 있는지, 공은 어디에 있는지를 정확히 찾아서 이를 데이터화하게 되었다. 이를 통해 선수 평가 수준을 획기적으로 향상시킬 수 있다.

축구에서도 이와 유사한 데이터 수집과 분석을 통해 정확한 선수 위치 추적 및 움직임에 대해 분석할 수 있다. 감독에게 분석 자료가 제공되면 어떤 전술을 사용하는 것이 좋을지 판단할 때 큰 도움이 되고, 스카우트에게 제공되면 다른 팀 선수들에 대한 데이터도 확보되어 선수 영입 시 합리적인 판단을 할 수 있게 한다.

가장 데이터가 풍부하고 정확한 스포츠는 e스포츠이다. 전 세계 e스포츠 시장은 점점 커지고 있고, 각국에서 다양한 게임의 리그를 운영하고 있다. 디지털 환경을 기반한 스포츠이므로 데이터 확보를 통해 선수에 대한 평가뿐 아니라 경기 결과 예측도 가능할 것으로 보인다.

어떻게 빅데이터를 분석할 것인가

막대그래프, 꺾은선그래프, 히스토그램, 네트워크 이외에도 고도의 인사이트를 제공하는 도구는 무수히 많다. 수많은 도구 중에 가장 적절하고 이해하기 쉬운 것을 선택하기 위해서는 해당 분야에 대한 이해, 인간의 인지 능력에 대한 이해가 필요하다. 분석가는 요리사가 다양한 방법으로 요리를 하듯 수많은 데이터 요리법 중 해당 문제에 적합한 것을 선택한다.

데이터 요리법의 첫 번째로는 데이터에 숨어 있는 특징을 눈으로 확인할 수 있는 가장 기본적이고 직관적인 '시각화'가 있다(2부). 조선소에서 블록 이동 차량 데이터로부터 도출된 블록 이동 패턴 네트워크를 시각화의 사례로 꼽을 수 있다.

두 번째는 분류와 예측으로 과거에 일어났던 일을 데이터로 만들어 '학습'한 후, 미래를 예측하는 것이다(3부). 가령 특정 부품의 고장, 고객의 구매 관심 제품, 상담원의 조기 퇴사, 두 달 후 개봉할 영화의 관객 수 등이 모두 예측의 대상이다. 자율주행차가 브레이크를 밟아야 할지 혹은 액셀을 밟아야 할지, 핸들을 왼쪽으로 틀어야 할지, 오른쪽으로 틀어야 할지, 직진해야 할지 등 특정 상황에 어떤 행동이 가장 적절한지 판단하는 것을 '분류'라고 한다. 예측을 할 수 있는 방법은 매우 다양하다. 통계학에서 전통적으로 사용한 회귀분석 이외에도 인공지능, 머신러닝 분야의 총아인 뉴럴네트워크 및 그 후속 모델인 딥러닝 모델이 대표적이다.

세 번째로는 군집화 또는 클러스터링으로서 유사한 대상끼리 묶는 것이다(4부). 이를테면 코스피, 코스닥 기업들의 사업보고서에 등장하는 단어들의 유사성을 토대로 이들을 묶는 경우이다. 유사한 업종을 함께 묶는다면, 투자기관에서 포트폴리오를 구성할 때 이를 기준으로 삼을 수 있다. 이외에도 제품을 추천하는 데 특화된 분석법도 있고, 소셜네트워크에서 친한 그룹을 찾아내는 방법도 있다.

데이터 자체가 숫자가 아니고 비정형 데이터인 경우에는 특수한 분석이 필요하다. 예를 들어 소셜미디어에 노출된 사람들의 의견, 감상 등의 글을 분석하려면 자연어 처리라는 인공지능 기법을 사용해야만 문자를 숫자로 바꿀 수가 있다(5부). 소셜미디어에 올린 사진을 분석하려면 이미지를 분석하는 특별한 이미지 처리, 컴퓨터 비전 방법을 활용하여 숫자로 바꾸어야 한다(6부). 이때 컴퓨터 비전은 사람의 눈과 뇌가 하는 작업을 수학적 알고리즘을 통해 컴퓨터가 수행할 수 있도록 만드는 것을 말한다. 물론 문서나 이미지도 앞서 이야기한 시각화, 예측, 군집화의 대상이 된다.

분석은 실제로 큰 비용과 오랜 시간이 요구되는 활동이다. 금을 캐기 위해 어두컴컴한 터널 속에 들어간 광부와도 같다. 이때의 금은 바로 '인사이트'다. 데이터의 광산에서 금을 캐는 활동, 그것이 곧 '데이터 마이닝'이라고 할 수 있다.

현명한 의사결정의 토대, 빅데이터 분석

'통찰'이란 뜻의 인사이트insight는 'in'이라는 단어와 'sight'라는 단어로 구성되었다. 즉, '안을 본다'라는 의미이다. 그렇다면 무엇의 안을 들여다보는 것일까? 당연히 관심 대상에 따라 다를 것이다. 만약 개봉을 앞둔 영화의 마케터라면 극장에 올 만한 사람들의 마음속을 살펴보는 일이 그것이고, 지하철 엔지니어라면 2호선 열차들의 1번 모터가 고장이 났는지 정상인지 그 여부를 살펴보는 것이다. 그 안을 보는 재료로서 데이터를 활용하는 것, 그것이 분석이다.

빅데이터 분석을 통해 도출하는 인사이트에는 어떤 특징이 있는가? 먼저 데이터는 누가 그것을 보더라도 다 똑같이 판단할 수 있는 객관성을 담보해야 한다. 전문 지식이나 경험, 감처럼 주관적인 성향을 갖고 있다면 저마다 해석이 다를 수밖에 없다. 데이터는 사실에 기반한 객관성을 가지고 있기에, 저마다의 의견이 넘치는 세상에서 객관성을 가지고 액션을 취할 수 있게 하는 가장 효과적인 도구이다.

데이터는 개인화라는 측면이 있다. 이때 개인은 사람을 뜻하기도 하지만, 더 정확하게는 사람이든 사물이든 상관없이 하나의 개체를 뜻하기도 한다. 예컨대 비행기 엔진을 똑같은 시스템으로 100개를 만들었지만, 그중 17번 엔진은 상태가 괜찮은데 29번 엔진은 교체가 필요한 시점일 수 있다. 또 다른 예를 들어보자. 사람이 나이가 들어 40세, 50세 이상이 되면 건강검진을 매년 하게 된다. 대략 40세가 넘어가면 몸이 아프기 시작하기에 이것저것 검사를 하는 것이다. 만약 내가 35세라면 매년 건강검진을 하는 것이 좋을까? 전체적인 데이터에 따르면 하지 않아도 되지만 나만의 데이터를 가지고 들여다봤을 때는 해야 할 수도 있다. 그런 측면이 바로 개인화다. 뭉뚱그려서 이야기하지 않고 개별적으로 말하는 것이다. 가령 설문조사를 할 때 샘플조사를 하는 경우가 있고 전수조사를 하는 경우가 있다. 전체가 아닌 일부만 뽑아서 하는 샘플조사가 과거의 통계적인 방식이라면, 모집단 전체를 대상으로 하는 것이 바로 개인화라 할 수 있다.

의사결정의 선진화는 상시화로도 나타난다. 인간은 주 52시간을 일하지만 AI는 잠도 자지 않고, 밥도 먹지 않고 일한다. 1년 365일 24시간을 하루도 1초도 쉬지 않고 일하는 것이다. 분석은 정확도에서도 기존의 방식과 차이가 있다. 결국 분석을 통해 도출한 인사이트를 가지고 지향하는 바는 더 나은 의사결정이다.

잘 팔리지 않는 전자오븐의 경우, 어떤 의사결정을 통해 판매를 증진시킬 수 있을까? 데이터에서 도출한 인사이트를 갖고 가격을 대폭 낮추거나 친절하게 레시피를 주며 프로모션 활동을 하는 것 중 합리적인 선택하는 일이 곧 의사결정이다. 이를 개인에게 적용할 수도 있겠다. 현실에서 내가 당장 부딪힌 문제를 어떤 행동으로 해결할 수 있을까? 하나의 선명한 문제에 부딪혔을 때 그 의사결정을 선진화하는 것, 조금 더 체계적인 근거를 가지고 현명한 의사결정을 하는 것, 이것이 분석의 궁극적인 목표라고 할 수 있겠다.

비전공자가 데이터 전문가로 성장하는 방법

빅데이터 가치를 만드는 과정은 빅데이터 프로젝트의 기획plan, 데이터 분석을 통한 인사이트 도출do, 도출된 인사이트의 확인check, 마지막으로 도출된 인사이트에 따른 실행act의 단계로 이루어진다. 이 가운데 의사결정자의 몫은 바로 기획이다. 기획을 하려면 가치, 인사이트, 데이터의 순서로 생각해야 한다.

첫째, 먼저 최종 목적이 무엇인지를 생각한 후 이를 이루기 위한 수단을 파악해야 한다. 문제를 발견하고 추구하는 가치를 파악하는 것이다. 즉, 내가 어디를 갈 것인지, 왜 가야 하는지를 생각한 후에 자동차 시동을 거는 일과 같다. 지향하는 목표를 먼저 고려해 비즈니스 임팩트가 큰 가치를 찾는 것이다. 이때 임팩트는 추상적인 언어로 표현하는 것보다는 구체적인 수치로 표현

인사이트 ➡ 가치   빅데이터 분석 기획

Act Plan

인사이트   Check Do   데이터 ➡ 인사이트

가치 창출의 4단계

하는 것이 중요하다.

 예를 들어 이탈 고객 수를 감소시키면 좋다는 사실은 누구나 다 알고 있다. 이탈 고객 수를 10%, 20% 감소시키면 수익이 각각 1억, 2억인지, 10억, 20억인지 표현하는 것이 중요하다. 그 이유는 바로 투자수익률ROI의 수익을 정확하기 추정하기 위해서다. 빅데이터 프로젝트는 데이터 확보, 분석팀 가동, 액션에서의 리스크 등으로 반드시 투자비용이 발생한다. 가령 3억 정도의 비용이 발생한다고 할 때, 수익이 2억인지, 20억인지에 따라 프로젝트 진행 여부를 결정하는 가장 중요한 기준이 된다.

 둘째, 이러한 가치를 창출하는 데 필요한 인사이트가 무엇일지 '상상'해야 한다. 인사이트는 현재 존재하지 않으므로 상상력을 발휘해야 한다. 이탈 고객을 감소시켜보겠다는 가치를 추구하기 위해서, 현재 고객 개개인에 대한 이탈 가능성, 즉 '확률'을 계산한 후, 그 확률이 높은 사람을 대상으로 특별 캠페인을 수행하겠다는 실행 계획을 세운다. 이때 고객 개개인에 대한 이탈 가능성, 즉 확률값이 인사이트가 된다. 이탈 가능성이 90% 이상인 고객을 대상으로 "떠나지 마세요" 캠페인을 수행하는 것이 비즈니스 액션이다.

사실 이탈 고객을 감소시키는 방법은 여러 가지가 있으므로 인사이트 후보도 다방면으로 고려해야 한다. 그 가운데 어떤 인사이트를 선택하느냐는 비즈니스 액션의 효과 및 인사이트 도출에 드는 비용을 함께 고려해야 할 것이다. 이때 함께 고려해야 할 사항은 어떤 종류의 분석을 구사해야 원하는 인사이트를 확보할 수 있을지 파악하는 것이다. 과연 내가, 우리 팀이 그런 분석을 할 역량이 있는가? 아니면 전문 데이터 사이언티스트의 도움이 필요한가? 이를 판단하려면 기획자 본인이 기본적인 분석 레퍼토리와 각 분석 방법의 결과에 대해 이해하고 있어야 한다.

마지막으로 구체적으로 정한 인사이트를 도출하는 데 필요한 데이터는 무엇인지 식별할 필요가 있다. 특히, 필요한 데이터를 이미 확보하고 있는지의 여부가 매우 중요하다. 확보하고 있다면 곧바로 접근해서 검토해야 한다. 내가 생각한 그 데이터가 맞는지, 양과 질이 충분한지 파악해야 하는 것이다. 이때 기준에 도달하지 못하는 경우가 비일비재하다. 데이터 수집 관리에 그

가치	인사이트	데이터
• 어떤 사업과 가치를 만들고자 하는가 • 어떤 문제를 해결하고자 하는가 • 리턴(return)을 금액으로 추정할 수 있는가	• 인사이트는 구체적으로 무엇인가 • 인사이트는 어떤 형태인가	• 필요한 데이터는 무엇인가 • 어떻게 확보해야 하는가
	비즈니스 액션	예상 어려움/극복 방안
	• 기대하는 가치를 만들려면 도출한 인사이트를 활용해 어떤 액션을 취해야 하는가	• 어떤 어려움이 예상되는가 • 극복 방안은 무엇인가

더 나은 의사결정을 위한 데이터 접근 방법

동안 별로 관심도 없고 투자도 하지 않았다면 데이터 상태가 별로 좋지 않을 수 있다. 이런 경우 처음부터 데이터를 다시 수집해야 한다. 확보하지 않았다면 새로운 확보 방안을 모색해봐야한다. 당연히 분석은 데이터가 어느 정도 확보되는 6개월 후나 1년 후에나 시작할 수 있다.

데이터 확보가 곤란한 경우도 많다. 예를 들어, 데이터 수집자체가 불법이거나 센서 비용이 고가일 때, 수집을 부탁해야 하는 사람이 비협조적인 경우 등 예상치 못한 경우가 생길 위험이크다. 이런 경우에는 다른 인사이트 또는 다른 가치를 생각해봐야 한다. 가령 주방에 대구가 없으면 대구 매운탕을 만드는 것은 불가능하다. 대신 명태가 있다면, 명태 매운탕을 만들 수는 있다. 이제 음식점 고객이 명태 매운탕도 괜찮은지 확인해준다면 조리를 시작하면 된다. 데이터도 그렇게 접근해야 한다.

빅데이터 기획은 비즈니스 가치를 아는 의사결정자의 몫

빅데이터 기획을 집행하는 사람은 데이터 사이언티스트인가, 아니면 의사결정자인가? 음식점에서 요리를 결정하는 사람은 누구인가? 고객인가, 셰프인가? 당연히 고객이다. 고객은 자신이 원하는 바가 무엇인지 알고, 그에 맞추어 원하는 바를 이룰 수 있는 요리를 메뉴판에서 고른다. 고객이 메뉴를 이해 못 해서 무엇을 먹어야 할지 모르겠다고 하면, 그때는 셰프가 정해둔 코스 요리를 먹게 된다. 보통 반은 먹을 만하고 반은 그저 그렇다.

빅데이터 기획은 빅데이터 프로젝트의 최종 목표인 가치를 설정하고, 필요한 인사이트와 확보 가능한 데이터 정의를 하는 것이다. 그렇다면 누가 이 일을 할 수 있을까? 바로 현업에 종사하는 의사결정자이다. 비즈니스 가치를 아는 사람이 데이터 정의를 담당해야 한다. 현업을 모르는 데이터 사이언티스트에게 맡길 수 없다. 이제 기획이 왜 의사결정자의 몫인지가 분명해진다.

바로 마케팅, 영업, 상품기획, HR, 재경 같은 기업의 핵심 부서에서 일하는 사람들이 대부분 공학과는 거리가 멀기 때문이다.

의사결정자가 알아야 할 빅데이터 분석

음식점 고객이 메뉴판에 적힌 요리들을 이해해야만 원하는 주문을 할 수 있다. 한국인들은 물냉면이 어떤 요리이고 어떤 맛인지를 안다. 그런데 코코뱅Coq au vin이라는 프랑스 요리에 대해 맛과 효과를 알고 있는 사람은 거의 없다. 의사결정자는 빅데이터 분석의 메뉴판을 읽을 수 있어야 한다. 바로 최소한의 빅데이터 분석에 대한 지식이 필요하다. 다행히 2~4주 정도의 교육을 통해 빅데이터 분석에 대한 기초 지식을 배울 수 있다.

숫자와 친숙하지 않은 의사결정자가 빅데이터를 분석하기 위해서는 무엇을 알아야 할까? 첫째, 기본 이론 및 알고리즘을 공부해야 한다. 이 책은 핵심 이론 및 알고리즘을 소개한다. 비전공자인 현업 의사결정자에게 생소할 수 있는 선형대수, 확률, 통계의 개념이 등장한다. 물론 데이터 사이언티스트가 되려면 깊이 있는 이해가 필요하지만 의사결정자 교육에서는 이 책에서 언급하는 내용으로도 충분하다.

둘째, 실제 데이터를 가지고 컴퓨터상에서 분석 소프트웨어로 인사이트 도출을 실습하는 것이다. 책으로만 학습하기에는 어려운 부분이다. 분석 소프트웨어는 R이나 파이선 기반의 코딩이 필요한 경우가 있지만, 최근 코딩 대신 드래그 앤 드롭drag and drop만으로 데이터를 분석할 수 있게 해주는 님KNIME, 래피드마이너RapidMiner, 오렌지Orange 같은 소프트웨어도 등장했다. 이는 코딩 경험이 없는 이들에게 코딩이라는 거대한 장벽의 옆에 안내자가 있는 것과 같은 혁명적인 일이다. 게다가 님과 오렌지는 오픈소스로서 비용도 들지 않는다.

셋째, 비즈니스 문제 상황 및 원하는 가치가 주어졌을 때, 어떻게 분석 문제로 변환시키는지 그 방법을 모색해야 한다. 기획에 대한 도상 훈련이 필요하다. 실제 각자 업무 분야에서 중요한 가치를 줄 수 있는 '가치-인사이트-데이터'로 이어지는 기획을 수행한 후, 자신이 수립한 기획에 따라 실제 데이터를 확보하여 애널리틱스 방법으로 인사이트까지 도출하는 것이다.

앞서 의사결정자가 빅데이터 기획자가 되려면 배워야 하는 가장 기본적인 지식과 기술에 대해 이야기했다. 2~4주 정도에 가능한 이 과정의 목표는 당연히 데이터 사이언티스트 만들기가 아니다. 그 대신 '시티즌' 데이터 사이언티스트를 만들어 다수의 반전문가를 양산하는 것이다. 마치 2~3년 요리학교에 다녀서 전문 셰프가 되자는 것이 아니라, 백화점 문화센터에서 하는 5~6주 '이탈리안 쿠킹'을 수강하는 것과 같다.

왜 우리는 쿠킹클래스를 수강하는 것일까. 첫째, 웬만한 간단한 파스타 요리는 자신이 직접 할 수 있다. 둘째, 이탈리안 음식점의 두꺼운 메뉴의 뒤쪽에 나오는 다양한 파스타를 속속들이 이해하고, 자신이 원하는 파스타, 양념, 조리방식, 치즈 등을 셰프에게 주문하여 거의 개인에게 맞춤한 파스타를 먹을 수 있다. 당연히 음식점 방문 투자수익률이 획기적으로 향상된다. 이를 빅데이터 분석에 적용하면 시티즌 데이터 사이언티스트는 자신이 직접 간단한 분석을 할 줄 알고, 어려운 분석은 전문가에게 맡겨 정확히 원하는 바를 이야기할 수 있게 된다. 무엇을 자신이 직접 하고 전문가에게 맡길지 판별할 수 있는 것이다.

앞으로 소개할 분석 방법론과 사례를 통해 현업 의사결정자가 빅데이터, 인공지능, 데이터 마이닝, 애널리틱스의 기초 핵심 이론과 응용을 이해함으로써 시티즌 데이터 사이언티스트로서 첫 시작을 하기 바란다.

기획과 분석, 핵심 원리만 이해하면 성공한다

    비즈니스 가치를 설정하는 것은 기획의 첫 단계이자 가장 중요한 단계다. 조기 퇴사 직원을 줄이고자 한다면 그것이 바로 가치가 된다. 조기 퇴사자를 발견한다면 1인당 5천 달러의 비용을 절감할 수 있다. 그럼 어떻게 줄일 것인가? 이를테면 입사 전 정보만 가지고 '조기 퇴사 스코어(가능성)'를 추정하고, 그 스코어가 너무 큰 사람은 아예 입사 시키지 않는 것이다. 이 경우, 조기 퇴사 스코어가 인사이트이고, 입사 시키지 않는 것이 비즈니스 액션, 즉 의사결정이다. 이 부분은 거의 100% 의사결정자가 제일 잘 아는 영역으로 이들이 진행해야 한다. 보편적으로 상품기획, 영업, 마케팅, 재무, HR 등의 업무 담당자가 해내야 할 몫이다. 당연히 이 과정을 진행하려면 어떤 형태의 인사이트가 어떤 데

이터로부터 도출되는지에 대해 이해하고 경험 지식이 풍부해야
한다.

이제 수천, 수만 명의 지원자에 대해 스코어를 정확히 계산하
는 일이 필요하다. 이 일은 사람이 실행하기에 부적절하다. 사람
은 주관적이고 비일관적이며 금방 지친다. 우리는 스코어를 객
관적이며 일관적이고 쉬지 않고 계산해내는 기계를 만들어야
한다. 즉, 특정 지원자에 대한 정보를 입력하면 그 지원자의 미
래 조기 퇴사 스코어를 척척 계산하는 기계가 필요하다. 이러한
기계를 시스템, 프로그램 등으로 부른다.

그렇다면 계산을 할 기계를 어떻게 만들 것인가? 첫 번째 방
법은 HR 전문가들이 모여 자신들의 과거 경험을 백분 활용하여
여러 경우를 '일반화'하는 것이다. 나이, 성별, 출신 지역, 출신
대학 및 전공, 면접 때 보인 태도나 특징 등에 대한 기억을 더듬
어 수많은 명제를 만든다. 이를 잘 정리하고 연역 및 추론 엔진
을 추가하면 전통적인 인공지능 방법인 전문가 시스템 또는 지
식 기반 시스템을 만들 수 있다. 그러나 이는 사실상 쉽게 만들
기 어려울 것이다. 전문가마다 지원자에 대한 기억이 다르고 정
확히 퇴사 연령을 수치화해 칼로 무 자르듯이 할 수 없기 때문
이다. 출신 대학이나 전공도 그렇고 고향도 그렇다. 뭔가 패턴이
있는 듯 보이지만 막상 그것을 적어서 명제로 만들려고 하니 보

통 만만한 작업이 아니다. 대개 생각을 문자화하는 순간, 그에 대한 옳다는 확신이 확 줄어든다.

두 번째 방법은 데이터 기반이다. 그동안 조기 퇴사한 사람이 많더라도 전원이 조기 퇴사한 것은 아니다. 또 많은 이가 조기 퇴사를 하지 않고 현재도 회사를 다니고 있다. 이들의 입사 때 정보를 가지고 누가 퇴사하고 누가 남았는지를 머신러닝을 이용하여 찾아내는 기계를 만드는 것, 바로 빅데이터 기반의 머신러닝 방법이다.

1단계-포뮬레이션, 비즈니스 문제를 데이터 문제로 변환하다

'포뮬레이션'이란 비즈니스 문제를 데이터 마이닝/머신러닝 문제로 변환하는 것이다. 문제를 양식화하는 것인데 특정 데이터 마이닝 프레임워크에 맞춘다는 의미이다. 예를 들어, 조기 퇴사 방지라는 비즈니스 문제를 조기 퇴사 스코어링이라는 데이터 마이닝/머신러닝 문제로 바꾸는 것이다.

지원자의 미래 조기 퇴사 스코어를 예측해보자. 첫째는 조기 퇴사 방지에 관한 인사이트의 정확한 유형을 결정한다. 둘째는 y 변수 선정인데 인사이트 그 자체가 어떤 값이 되는가를 결정하는 것이다. 조기 퇴사 문제의 경우 조기 퇴사 확률값이 y가 될 수

| 1단계 | 2단계 | 3단계 | 4단계 |

포뮬레이션 인사이트, y, x, f 결정

학습 데이터 확보

머신러닝 또는 데이터 마이닝

배치, 추론, 감시, 재학습

인사이트 유형 결정 → y 선정 ← y의 사업가치?

y=f(x)의 f 후보 선정 ← x 확보 가능? ← y 예측을 위한 x 파악

머신러닝으로 '스코어링 기계' 만드는 절차

있다. 비교적 간단명료하다. 셋째, 해당 y값의 비즈니스 가치는 어느 정도인가? 충분히 큰가? 이를 판정해주는 것이 바로 의사 결정자의 역할이다. 사실 해당 y값의 비즈니스 가치는 높다. 왜냐하면 조기 이탈 스코어를 정확하게 추정할 수 있다면 그 값이 큰 사람은 선발하지 않을 것이기 때문에 y의 비즈니스 가치는 꽤 높다. 만일 가치가 충분히 높지 않다면 두 번째 단계로 돌아가 y 변수 선정을 다시 고안해야 한다. 왜냐하면 비즈니스 가치가 높지 않은 y는 계산할 필요가 없기 때문이다.

네 번째 단계는 y와 관계가 큰 요인을 찾는 것이다. 이들을 x변수라고 한다. 여기서 중요한 부분은 x는 지원자와 인터뷰할 당시에 알 수 있는 요인이어야 한다는 것이다. 즉, 우리가 아는 x로부터 모르는 y를 계산해내는 것이다. 어떤 요인들이 존재하고 어떤 요인들이 관련이 있는지는 의사결정자가 제일 잘 아는 영역이다. 소위 업무 분야마다 '비즈니스 가설'이라고 하는 경험치가 있다. 경험이 많은 이들일수록 고품질의 비즈니스 가설을 많이 알고 있다. 이 가설들을 기반으로 x를 만들어낸다.

그다음 다섯 번째 단계가 이 중요한 요인들이 사내에 데이터로 존재하는지 확인하는 것이다. 이 단계도 역시 의사결정자들만이 알 수 있다. 만일 현재 기준으로 확보되지 않았으면 당장 사용할 수 없다. 지금부터라도 데이터를 저장해서 1년 후에는 사용할 수 있을 정도의 양을 확보할 수 있다면 기계 만드는 일을 1년 미루어야 한다. 미래에도 그런 데이터를 확보하는 것이 불가능하다고 판단된다면 아예 y를 바꿀 수 있다. 이럴 경우에는 앞에서 거쳤던 3단계부터 다시 점검해야 한다. 가장 큰 걸림돌은 y를 바꾸었더니(좀 더 추정하기 쉬운 값으로 바꾸었더니) 실제 비즈니스 가치가 너무 낮아서 정확히 추정하는 것 자체가 무의미해지는 경우다.

끝으로 마지막 단계는 x로부터 y를 추정하는 함수 f를 어떻게 사용할 것인가이다. 예측의 경우, 회귀분석, 의사결정나무, 나무 앙상블, 서포트 벡터 머신, 뉴럴네트워크, 딥러닝 네트워크 등의 후보가 있고 이들의 다양한 변형이 존재한다.

현업 의사결정자 입장에서 가장 관심이 있는 부분은 인공지능 기계가 도출한 인사이트에 대해 어떤 설명이 따라올 수 있는 가이다. 특정 지원자의 조기 퇴사 스코어가 매우 큰 경우('입사 시 키지 말아라'는 신호), 왜 그런 값이 나왔는지를 설명할 수 있어야 한 다. 성격 검사에서 '궁금한 것이 너무 많은 유형'으로 나와서 그 런지 '회사와 집의 거리가 너무 멀어서인지'를 설명할 수 있는 f 가 있고, 설명하지 못하는 f도 있다. 전자를 글래스박스라고 하 며 의사결정자들이 매우 선호한다. 후자는 블랙박스라고 하는 데 속이 캄캄해서 그 내부를 들여다보아도 아무것도 보이지 않 아 인사이트 출력 과정을 이해할 수 없다는 의미다.

2단계-학습 데이터 확보 및 검토

포뮬레이션 단계에서 인지한 x요인들을 확보하려면 해당 데 이터가 어디에 있는지 알아야 한다. 사내에는 ERP, SCM, CRM, MES와 같은 다양한 시스템이 있다. 담당 업무를 하는 의사결정 자는 필요한 데이터의 해당 위치를 알고 있다. 어쩌면 자신들의 데스크톱 내 파일 형태로 있을 수도 있다. 물론 해당 데이터가 어디에 있는지 잘 모를 때도 있지만 그런 경우에도 최소한 누구에게 물어야 하는지, 어느 부서의 도움을 받아야 하는지 의사결정자들이 제일 잘 안다.

일단 확보한 데이터는 면밀히 검토해야 한다. 해당 데이터값에 오류는 없는지, 이상치(자료에서 비정상적으로 분포를 벗어난 값)는 없는지를 말이다.

3단계-학습 데이터로 스코어링 기계 구축

확보된 데이터를 면밀히 검토한 다음, 과거 데이터를 학습 데이터로 삼아 스코어링 기계를 구축하는 과정이 필요하다. 이를 인공지능의 머신러닝 또는 데이터 마이닝, 통계학에서는 모수 추정이라고도 부른다. 이 부분이 바로 이 책의 주제다.

2부에서는 시각적 데이터 분석을 통해 기계 구축이 아닌 인사이트를 직접 만들어내는 과정을 소개하고 3부의 분류와 예측에서는 앞서 언급한 스코어링 기계 같은 것을 만드는 분석 방법을 다룬다. 4부의 군집분석은 예측이 아니라 데이터에 대한 이해를 하기 위한 분석 방법을 다룬다. 5부는 데이터 자체가 숫자가 아니라 이미지인 경우인데, (결국은 이미지를 숫자 데이터로 변환해야 하지만) 이미지만의 특성을 활용하여 인사이트를 도출하거나 추론 기계를 만드는 분석 방법을 말한다. 6부는 데이터가 문자인 경우를 다루며 이는 이미지와 함께 '비정형' 데이터라고 부른다. 문자도 이미지와 같이 숫자 데이터로 바꿔야만 분석을 할 수 있는데 이 과정도 매우 독특하고 재미있다. 무엇보다 문자로 구성된 문서는 대부분 사람이 작성한 것이라서 사람이나 기계의 상태를 관찰하여 습득한 숫자나 이미지 데이터와는 의미적으로도 다른 면이 있다. 사람의 생각이 담겨 있어 애매하고 중의적인 것도 있고, 정서와 감정sentiment이 녹아 있기 때문이다. 이를 사람 수준으로 해석하고 이해하는 것이 불가능해보였으나 데이터 리서처들의 대단한 노력을 통해 점점 텍스트 데이터 분석이 가능해지고 있다.

4단계-배치, 추론, 감시 및 재학습

학습을 통해 만든 스코어링 추론 기계를 현장에 배치하고 실전 상황에서 추론하는 단계다. 그런데 이를 실행하기 전에 반드시 의사결정자의 신뢰를 얻어야 한다. 왜냐하면 추론을 수행하여 인사이트를 얻고 이를 바탕으로 의사결정을 하는 일의 담당자이자 최종 책임자가 바로 의사결정자이기 때문이다. 잘 되면 공을 얻고, 실패하면 책임을 져야 한다고 생각하는 의사결정자. 이들의 확신을 얻지 못하면 마지막 단계로 넘어가지 못하고, 그동안의 모든 노력이 물거품이 되고 만다. 여기서 가장 중요한 요소가 두 가지가 있다.

첫째는 추론의 정확성이다. 현업에서 요구하는 수준을 맞출 수 있는지 판단하는 것이다. 이는 학습 직후, 정답을 포함하고 있는 테스트 데이터에 대해 얼마나 잘하는지를 측정함으로써 가능하다. 허용 오류가 5% 이내라면 정확도는 95% 이상이어야 한다. 고장진단이나 이상탐지 같은 문제의 경우는 두 가지 오류를 다 고려해야 한다. 즉, 실제 고장 100건 중에 몇 건을 진단/탐지할 수 있는지 30건을 고장/이상이라고 했을 때 실제 몇 건이나 진성 고장/이상인지를 판단하는 것이다.

화재경보기에 비유한다면 실제 화재가 발생할 때 제대로 작동하는지 그 여부와 화재도 안 났는데 오경보는 얼마나 자주 발생하는지를 분별해야 한다. 사실 한 가지 오류를 줄이려고 하면 다른 종류의 오류가 발생한다. 결국 얼마나 '과묵한' 화재경보기를 원하느냐를 놓고 어려운 결정을 해야 하는 것이다. 언뜻 보면 화재는 한 건도 놓치면 안 될 것 같지만, 그렇게 되면 오경보가 많아진다. 참으면 된다고 생각할 수도 있지만, 오경보가 몇 번만 발생하면 사용자가 화재경보기 자체를 꺼버리는 일이 발생할 수도 있다. 결코 쉬운 일이 아니다.

현업 의사결정자의 신임을 얻는 두 번째 중요한 요소는 기계의 작동 원리를 이해하는 것이다. 글래스박스 기계면 받아들이기 쉽다. 반면 블랙박스라면 빅데이터 인공지능에 대한 이해가 꽤 높기 전에는 받아들이기 쉽지 않다. 현장에 추론 기계를 설치한다고 일이 끝나는 것이 아니다. 추론하는 동안 계속 감시 모니터링을 해야 한다. 예측을 잘하는지, 분류를 잘하는지 지속적으로 지켜봐야 한다. 만일 성능이 떨어져서 현장에서 받아들이기 어려운 수준으로 내려간다면 결단을 내려야 한다. 많은 경우, 학습 데이터가 포함된 '과거'와 현재 상황에 변화가 생기면 그런 일이 일어난다. 이를 데이터적으로 확인할 수 있는 방법들이 있다. 확신이 선다면 최신의 데이터를 준비해서 학습을 통해 새로운 기계를 만들어야 한다. 결국 추론 기계의 최신판이 필요한 것인데 이를 재학습이라고 한다. 얼마나 자주 이 과정을 거쳐야 하는지는 경우에 따라 다르다. 머신러닝으로 만들어낸 인공지능 머신은 갓난아이처럼 깨끗하고 안전한 환경에서 잘 돌보아야 한다.

2부

데이터 시각화로
트렌드를 읽어라

조재희

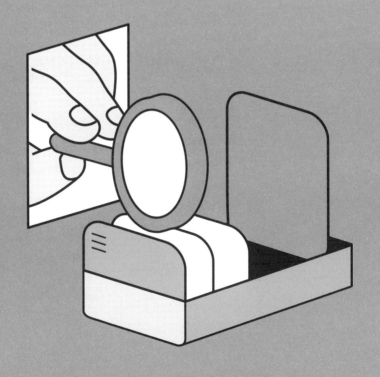

데이터 시각화는 데이터에 숨은 이야기를 시각적으로 탐색해서 의사결정자에게 통찰을 제공한다. 이로써 세상의 모든 흐름과 추세가 한눈에 데이터를 통해 드러나면서 효율적인 판단과 결정이 가능해지는 것이다. 예를 들어 시각화된 데이터를 살펴보면 한류 관광객이 빈번하게 모이는 랜드마크에서 유독 특정 트윗 양의 증가가 두드러지게 나타난다. 이를 활용해 그들에게 맞춤한 새로운 마케팅도 이루어질 수 있는 것이다.

복잡한 정보를
시각적으로 탐색하면 생기는 변화

"백문이 불여일견"과 "보는 것이 믿는 것이다"라는 속담은 데이터 시각화의 필요성을 잘 설명해준다. 왜냐하면 데이터 시각화의 핵심은 눈앞의 데이터를 생생하게 드러나도록 보여주는 것이기 때문이다. 오늘날 비즈니스를 성공적으로 수행하려면 관련 정보를 신속하게 찾고 분석함으로써 소비 패턴, 트렌드 변화, 통찰력 등을 파악하는 것이 요구된다. 데이터 시각화는 개인이 분석을 수행하고 주요 동향이나 이벤트를 식별해 좀 더 신속하게 의사결정을 내릴 수 있게 도와주는 기술이다.

데이터는 정보 또는 숫자를 의미하고, 시각화는 정보를 눈에 보이게 표시하는 일이다. 데이터 시각화를 활용할 때 핵심은 복잡한 것을 간단하게 보여주는 것이다. 대부분의 사람들은 워크

	세트 A		세트 B	
행1	6	5	3	7
행2	9	2	6	1
행3	8	3	7	4
행4	7	4	2	3
행5	6	4	1	5
행6	1	9	8	6
행7	2	9	4	1
행8	3	7	5	9
행9	5	6	8	6
행10	3	8	6	8
평균	5.0	5.7	5.0	5.0
표준편차	2.7	2.5	2.4	2.7

[도식 1] 복잡해 보이는 숫자 세트

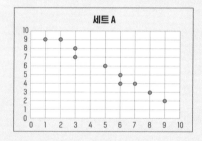 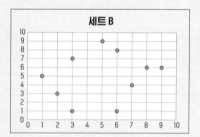

[도식 2] 한눈에 볼 수 있는 숫자 세트

시트나 스프레드시트 또는 보고서를 분석하는 것보다 차트나 그래프를 보는 것이 훨씬 쉽다고 느낄 것이다. 또한 데이터를 차트로 표현했을 때 더 많은 양의 데이터를 일목요연하게 파악할 수 있다.

숫자를 시각화하면 어떤 이점이 있는가? [도식 1]처럼 스무 개의 숫자가 각기 쌍을 이루는 열 개의 행이 있고, 또 다른 열 개 행 숫자 세트가 하나 더 있다고 가정하자. 이 숫자로 차트를 만들기 전에 각 숫자를 유심히 보자. 어떤 패턴이나 추세가 보이는가? 아무것도 보이지 않는다. 숫자의 나열로는 단숨에 특정 패턴을 상상하기조차 어렵다. 숫자들의 평균과 표준편차를 계산해보면 각 숫자 세트마다 통계적 속성이 유사하게 보인다. 그렇다면 이 두 가지 숫자 세트는 차이가 없는가?

표를 보면 단번에 파악하기 어렵고 통계조차 두드러진 차이를 보이지 않을 때, 숫자를 xy차트에 점으로 나타낸다면 어떤 패턴이나 추세가 나타날까? [도식 2]와 같이 차트로 데이터를 시각화하면, 관계와 추세를 찾을 수 있다. 시각화된 숫자는 기억하기도 쉽다. 이처럼 데이터 시각화는 데이터 분석 결과를 이해하기 쉽게 시각적으로 표현하는 과정이다. 엑셀, 태블로Tableau 등 많은 비즈니스 데이터 시각화 솔루션과 D3.js, 차티드Charted 등 오픈 소스 계열의 소프트웨어는 다양한 차팅 방법을 제공해준다. 최근 데이터 시각화 분야에 대한 투자가 크게 증가하고 있으며, 이에 따라 사용자 인터페이스의 편의성이 좋아지고 엔드유저end user의 분석기술 수준이 높아지고 있다.

올바른 데이터 시각화 기법을 선택하기 위해서는 데이터의 크기와 규모, 데이터의 맥락, 사용자에 대한 사전 정보가 필요하다. 일반적으로 가장 잘 알려진 시각화 방법과 유형은 표, 히스토그램, 산점도, 선, 막대, 파이, 영역, 버블 차트, 타임라인, 벤다이어그램, 데이터 순서도, 개체 관계도 등이다.

데이터에 숨어 있는 본질을 발견하다

먼저 시각화가 무엇인지부터 살펴보도록 하자. [도식 1]은 1812년에 있었던 나폴레옹의 러시아 원정을 미나르Minard라는 프랑스 토목기사가 1869년에 한 장의 차트에 담은 것이다.

나폴레옹이 1812년 6월 러시아 원정을 떠날 때 그의 휘하에는 42만 명의 프랑스군이 있었다. 4개월 동안 모스크바까지 약 1000킬로미터를 진군하며 러시아군과 연일 전투를 벌였으며, 끝내 모스크바에 당도했을 때 원정군은 겨우 10만 명밖에 남지 않았다. 설상가상으로 나폴레옹 군대를 맞이하는 것은 불타오르고 있는 군량미 더미였다. 러시아군이 퇴각하며 식량을 모두 소각한 것이다. 프랑스군은 추위와 굶주림 끝에 더 이상 버틸 수가 없어서 일주일 만에 퇴각 결정을 내렸는데, 후퇴하는 것도 쉽

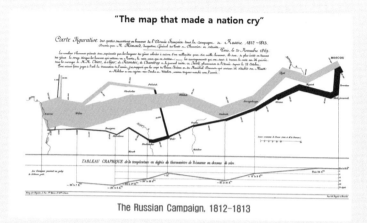

[도식 1] 나폴레옹의 러시아 원정을 시각적으로 표현한 데이터 1

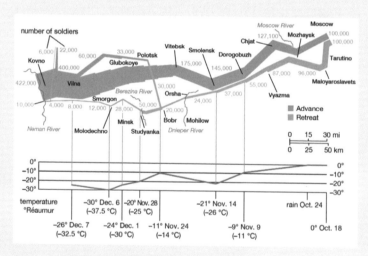

[도식 2] 나폴레옹의 러시아 원정을 시각적으로 표현한 데이터 2

지는 않았다. 러시아의 낯선 지리와 늦가을부터 시작되는 매서운 추위, 그리고 탈진한 병사는 그들을 추격하는 러시아군에게 속수무책으로 당할 수밖에 없었다. 마지막까지 살아 돌아온 병사는 1만 명에 불과했다. 42만 명의 대군이 7개월여 만에 1만 명으로 급감하는 치욕적인 러시아 원정이 [도식 1] 안에 고스란히 나타나 있다. "온 나라를 비탄에 잠기게 한 차트"라는 별칭이 붙기도 했고, [도식 2]처럼 다른 언어와 디자인을 변경한 형태들이 상당수 제작되기도 했다.

미나르는 이 역사적인 사건을 [도식 1]과 같이 한 장의 차트로 요약하였는데, 시간과 공간, 병사 수, 날짜별 기온 정보까지 포함되어 있어서 당시 프랑스군이 겪은 역경과 처절함을 생생하게 전달해준다. 이 도표를 데이터 시각화의 효시로 알고 있었는데, 간호사 나이팅게일Nightingale이 1858년에 장미 다이어그램Rose diagram을 만들었다는 사실이 뒤늦게 알려지게 되었다.

크림전쟁 당시 야전병원에서 근무하던 나이팅게일은 부상 치료를 받다가 사망하는 병사보다 비위생적인 환경 때문에 2차 감염으로 죽는 병사가 더 많다는 것을 목격하였다. 그래서 이 문제의 심각성을 군 당국에 알리기 위해 장미 다이어그램을 제작했다. 이미지의 두 다이어그램 중 아래쪽은 환경개선 전이고, 위쪽은 환경개선 후이다. 짙은색으로 표시된 면적이 감염되어 사

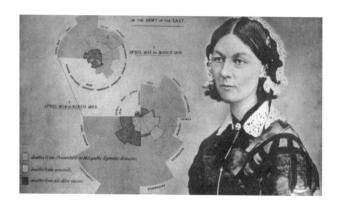

나이팅게일의 장미 다이어그램

망한 병사들의 숫자인데, 그 심각한 상황을 한눈에 보여준다. 이
장미 다이어그램을 본 군사령관이 야전병원의 환경개선을 위해
자금을 투입하기로 결심하고, 이로써 부상자의 사망률이 60%에
서 2%로 크게 감소할 수 있었다.

　장미 다이어그램의 특징은 열두 개의 꽃잎으로 구성되며, 각
꽃잎은 이 사례의 경우 한 달이라는 기간을 의미한다. 수치가 크
면 꽃잎의 면적이 커지는데, 여기서는 사망자의 수를 표현하고
있다. 각 꽃잎의 세 가지 색상은 사망 원인을 나타내며 각각 감
염, 부상, 기타를 의미한다. 나이팅게일의 다이어그램은 19세기
최고의 통계그래픽 중 하나로 꼽힌다.

숫자의 패턴을 인지하는 것이 데이터 시각화

데이터 시각화는 데이터에 숨겨진 이야기를 시각적으로 탐색하고 설명하여 의사결정자에게 통찰을 제공하는 커뮤니케이션 과정이라 할 수 있다. 나이팅게일의 장미 다이어그램이나 미나르의 러시아 원정 차트처럼 다양한 시각 객체가 데이터 분석에 이용된다. 시각 객체에는 크게 네 가지 종류가 있다. 점, 선, 면, 상자Box가 그것인데, 점은 산점도, 선은 선그래프, 막대는 막대그래프, 상자는 박스 플롯에서 이용된다.

데이터 시각화 방법을 얘기하기 전에 전주의적 속성preattentive feature이라는 개념을 알아둘 필요가 있다. 데이터를 시각화할 때 데이터를 캔버스 위의 표식으로 바꿔야 한다. '전주의적'이라는 단어는 우리가 주위를 기울일 겨를도 없이 빠르게, 혹은 부지불식간에 어떤 형상을 보면 느낄 수 있다는 뜻으로, 형태, 방향, 길이, 폭, 크기, 색상 등이 인식 속도를 향상시켜주는 전주의적 속성이자 시각 객체이다.

예를 들어, 1부터 9까지 숫자의 나열을 빼곡하게 제시하고 그 안에 9가 몇 개인지 물었다고 하자. 숫자의 나열은 어떤 전주의적 속성, 시각적인 객체를 포함하고 있지 않기 때문에, 9가 몇 개 있는지 파악하기 매우 힘들다. 하지만 여기에 약간의 전주의

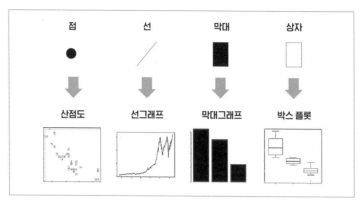

시각 객체의 종류

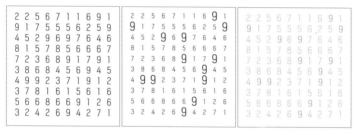

전주의적 요소가 가미된 데이터

적 요소로서 크기나 색상을 가미하여 9라는 숫자가 부각되도록
하면 쉽게 9를 인지할 수 있다. 이처럼 숫자를 공간에 배치해서
그 패턴을 인지하는 것이 바로 데이터 시각화다.

　데이터 시각화는 데이터 분석의 하나인데, 대규모 데이터를
탐색하기에 좋은 방법으로 그래픽 기술과 통계 기법이 통합되

어 있다. 통계연보와 같이 빼곡한 숫자의 나열로 되어 있는 표는 많은 정보를 담고 있으며 기록이나 추가 분석을 위한 자료이지, 내포되어 있는 정보를 전달하여 의사소통을 돕는 목적의 자료는 아니다. 한눈에 볼 수 있게 데이터 시각화 자료가 제공되면 의미 전달이 원활해지고, 따라서 회의 시간이나 의사결정 시간을 단축할 수 있다. 경쟁이 심한 비즈니스 분야, 트렌드 변화 비교가 필요한 대중문화 분야, 그리고 정해진 시간에 신속하게 정보를 전달해야 하는 방송 등에서 그래픽을 많이 사용한다.

사실 비즈니스 차트에서의 그래픽 방법은 이미 마이크로소프트 엑셀과 같은 소프트웨어를 통해 많이 봤을 것이다. 그 외에도 맵 차트, 트리맵, 히트맵, 네트워크 차트 같은 시각화 자료가 빅데이터 시대에 새롭게 부각되고 있는 그래픽 방법이다. 현재 현업 부서에서는 스팟파이어Spotfire나 태블로와 같은 소프트웨어를 사용하여 데이터 시각화 분석을 수행하고 있다. 이러한 소프트웨어의 도움으로 현업 사용자는 드넓은 데이터 공간을 손쉽게 안내하며, 비로소 상품과 시장, 고객 기반에 대해 총체적인 이해를 얻고, 데이터를 통해 자신의 역량을 높일 수 있게 된다. 이런 부류의 소프트웨어를 비주얼 애널리틱스 또는 비즈니스 인텔리전스 툴이라고 한다. 삼성전자 등 글로벌 기업에서도 안정적이고 확장이 용이한 플랫폼을 제공하는 태블로를 도입하여 현업

직원들에게 제공하고 있다. 드래그 앤 드롭 방식으로 간단하게 대용량 데이터를 시각화 분석할 수 있고, 시각적으로도 우수하고, 다차원 분석을 지원하기 때문에 선호되고 있다.

다섯 가지 종류의 데이터 시각화

데이터 시각화는 시간 시각화, 분포 시각화, 관계 시각화, 비교 시각화, 공간 시각화로 크게 다섯 가지로 구분해서 볼 수 있다. 이 중에서 다른 시각화 방법들은 수치형 변수와 범주형 변수를 각각 행과 열에 배치하는데 반해, 관계 시각화는 행과 열(xy축) 둘 다 수치형 변수를 배치한다는 점이 특별하다.

시간 시각화는 측정값의 변화를 다양한 시간 레벨로 분석할 때 사용한다. 년도, 분기, 월, 날짜, 요일, 시간대 등 다양한 시간 수준을 보통 행에 배치하고, 열에는 수치형 측정값을 배치하여 완성한다. [도식 1]의 막대그래프는 서울 따릉이 자전거의 2019년도 대여 건수를 시간대별로 보여준다. x축이 0시부터 23시까지이고, 각 시간대별로 자전거 대여 건수가 나타나 있다. 인적이 드문 새벽에는 당연히 대여 횟수가 낮고, 출퇴근 시간대에 상당히 늘어나는 것을 알 수 있다. 많은 사람들이 지하철에서 내려 자전거를 빌려 타고 직장이나 집까지 이동하는 사실이 차트에

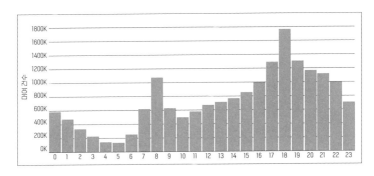

[도식 1] 2019년도 서울 따릉이 자전거 대여 건수를 시간대별로 나타낸 막대그래프

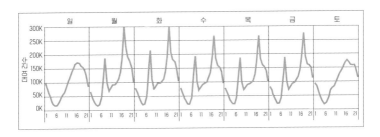

[도식 2] 요일 차원을 추가한 자전거 대여 패턴 추이

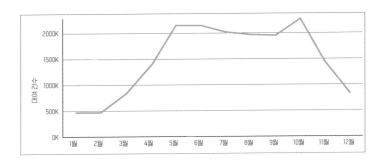

[도식 3] 2019년의 월별 자전거 대여 패턴 추이

담겨 있다.

같은 시간 시각화라 하더라도 변형을 하게 되면 우리가 경향이나 추이를 이해하는 데 더욱 도움이 된다. 주말과 평일 간에도 판이하게 다른 대여 패턴을 볼 수 있다. [도식 2]는 같은 데이터로부터 만든 것인데, 요일 차원을 추가한 것이다. 가운데 5일 간은 평일이므로, [도식 1]의 패턴과 마찬가지로 출퇴근 시간대에 쌍봉을 형성(대여 건수 많음)하는 반면, 주말에는 아침 시간대에 움직임이 매우 낮고, 오후부터 대여 건수가 서서히 많아져 저녁 시간대에 정점을 찍는다. 운동 삼아 자전거를 타며 여유로운 시간을 보내고 있는 모습이 상상된다.

[도식 3]은 월별 대여 건수 추이를 보여주고 있다. 2019년 1월부터 12월까지 일 년간의 데이터를 집계한 것으로 계절적인 패턴이 보인다. 양끝은 추운 계절이라서 대여 건수가 낮고, 가운데 부분은 날씨가 좋은 계절이라서 자전거 이용이 많다.

어느 영화가 관객의 호응을 얻었을까?

[도식 1]은 상영 영화와 좌석 점유율을 박스 플롯으로 시각화한 것이다. 이를 보면 영화 〈부산행〉이 우리나라 전 지역에서 고르게 좌석 점유율이 높았음을 알 수 있다. 좌석 점유율이 높다는

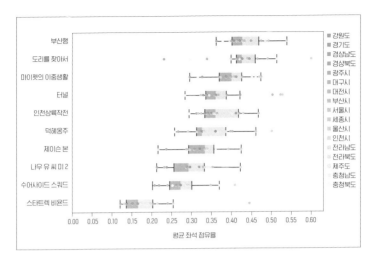

[도식 1] 박스 플롯을 활용한 영화별 좌석 점유율 분포

것은 배급사에서 예약한 좌석을 실제로 유료 관객들이 사용했다는 의미이다. 보통 전체 상영 기간 내내 55%의 점유율이면 상당히 좋은 성적이라고 할 수 있다. 박스 플롯을 자세히 보면 여러 가지 점이 있는데, 각 점은 행정시도(지자체)를 나타낸다. 즉, 각 영화가 지자체별로 얼마나 호응을 얻었는지를 보여준다. 반면 〈도리를 찾아서〉의 경우 하한선과 상한선 밖으로 각각 점 세개와 점 한 개가 있는데, 이 영화는 지자체별로 호응도 편차가 매우 크다는 것을 의미한다. 만약 배급사가 이 하한선 아래에 있는 지자체들(경상북도, 충청북도, 광주시)의 어린이 만화영화에 대한

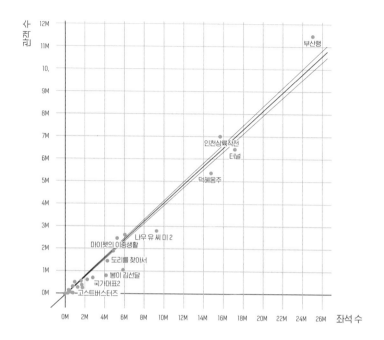

[도식 2] 산점도를 활용한 영화별 좌석 수와 관객 수의 관계 시각화

수요예측(전체 인구 대비 어린이 인구 비율 조사 등)을 정확히 했다면 좌석을 과다하게 예약을 하지 않았을 것이고, 따라서 이 만화영화 배급에 관한 수익성을 높일 수 있었을 것이다.

좌석 수와 관객 수를 관계 시각화로 나타낸 [도식 2]를 살펴보자. 이를 보면 〈부산행〉과 〈인천상륙작전〉이 대각선 위쪽에 있는데, 이는 이 두 영화의 수익률이 높다는 것을 의미한다. 배급사가 선점해놓은 좌석을 이 두 영화의 관객들이 많이 이용했다는 것이다. 이처럼 산점도 차트는 여러 영화 중 어느 영화가 수익이 높았는지를 한눈에 보여준다. 대각선 아래에 있는 〈터널〉, 〈덕혜옹주〉는 각각 600만 명 이상과 500만 명 이상의 관객이 들었지만, 수익률 면에서는 성과가 낮았다. [도식 1]의 박스 플롯을 참조하여 설명하면 지자체 간 좌석 점유율 편차가 너무 컸기 때문이다. 일부 지자체에서는 좌석 점유율이 50% 이상으로 비교적 높은 편이었지만, 일부 지자체에서는 30% 이하였기 때문에 전국적으로 약 36% 정도의 좌석 점유율을 기록했을 뿐이다. 참고로 흥행 1위인 〈부산행〉의 좌석 점유율은 약 46%이다.

소셜 네트워크에서는 허브에 주목하라

소셜 네트워크 분석에서 사용하는 네트워크 차트는 중요한 데이터 분석 시각화 방법 중 하나이다. 어떤 직장의 사내 메신저 커뮤니케이션 데이터로 소셜 네트워크를 그려보니 그 결과, 사내 의사소통이 원활한 구성원 그룹을 발견할 수 있었다. 이를 '허브'라고 하는데, 공식적인 업무에 의해 형성된 허브일 수도 있고, 동호회와 같은 비공식적인 활동을 위한 허브일 수도 있으며, 두 가지 활동이 복합적으로 영향을 주어 발생한 허브일 수도

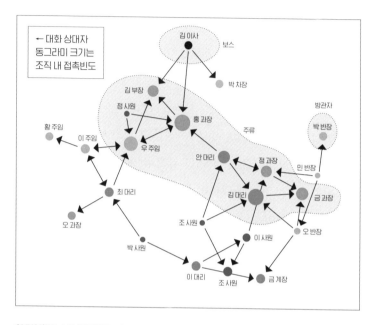

한 기업체의 소셜 네트워크 분석

있다. 대부분의 과장들은 이 허브에 속해 있으나, 오과장은 직급
이 중견 간부임에도 불구하고 부서의 사회연결망 외곽에 위치해
있다. 조직 내에서 중추적인 역할을 해야 함에도 불구하고 오과
장과 소통하는 사람은 최대리밖에 없다. 이와 같은 패턴은 사람
과 사람 간의 연결 관계(에지 리스트)와 연결 횟수(가중치)를 기록한
데이터가 있으면 소셜 네트워크 시각화로 파악할 수 있다.

사내 메신저뿐만 아니라, 사내에서 무수히 오가는 직원 간 이

메일 발신자-수신자 데이터를 소셜 네트워크 분석하면 사람들의 연결 관계를 파악할 수 있다. 개인 간의 상호작용을 분석하면 허브를 발견할 수 있고, 그 중심인물이 누구인지도 알 수 있다. 이때 각 개인은 그래프의 점으로 노드Node로서 네트워크의 연결 포인트이다.

데이터 마이닝과
비즈니스 인텔리전스가 만나면

데이터를 시각화하기 위해 필요한 데이터 소스는 세 가지로 나눈다. 비즈니스 데이터, 공공 데이터, 소셜 네트워크 서비스 데이터가 바로 그것이다. 이 중 비즈니스 데이터는 비공개가 원칙이다. 예컨대 통신사는 수십 년 동안 누적된 고객들의 통화내역을 가지고 있지만, 이것이 기업의 수익과 생존에 직결되기 때문에 외부에 공개되는 것을 극도로 꺼린다. 개인정보 보호라는 원칙 때문에 절대 공개하지 않지만, 전략적 파트너와는 공유하기도 한다. 그런데 2020년 1월 소위 데이터 3법이 통과되어 경제적인 가치가 높은 일부 비즈니스 데이터는 유료 또는 무료로 활발하게 공유되고 있다. 가장 인기 있는 기업 데이터는 신용카드사의 카드 사용내역과 이동통신사의 휴대폰 통화내역이다. 물론 개인을 식별할 수 없도록 가명과 익명으로 변환하여 서비스하고 있다.

결국 비즈니스 데이터라는 것은 상품과 서비스에 대한 거래 기록이다. 여기에는 은행의 입출금내역, 유통업체의 상품 판매내역, 휴대폰 통화내역 등이 있다. 대부분의 경우 출발지와 도착지가 포함되어 있는데, 이때 출발지와 도착지라는 것은 반드시 공간적인 개념이 아니라 전화 통화의 경우처럼 발신자와 수신자가 될 수도 있고, 톨게이트의 경우처럼 진입 톨게이트와 진출 톨게이트가 될 수도 있다. 또한 신용카드 결제내역에서도 가맹점 위치를 파악해낼 수있고, 카드 고객 정보로부터 고객 주소지를 얻을 수 있는데, 이 모든 기록 내용을 가지고 분석을 하면 숨어 있는 경제적 가치를 찾을 수 있다. 구매내역에는 육하원칙에서 왜(why, 구매 이유)를 뺀 나머지 다섯 가지(What, When, Where, How, Who)가 기록되어 있기에 구매 이유를 추정할 수 있다. 기업의 입장에서 구매 이유를 알게 되면 향후 판매 전략을 세우는 데 큰 도움이 된다.

비즈니스 데이터의 가장 큰 특징은 대용량이라는 것이다. 따라서 기존의 저장기법과는 다르게 데이터 분석 목적으로 데이터웨어하우스 또는 데이터마트를 구축한다. 여기에는 고객 데이터를 통합하고, 날씨나 경위도 좌표와 같은 2차 데이터까지 융합하여 데이터 분석을 수행한다. 이렇게 데이터를 융합하면 예전에는 알 수 없던 새로운 사실과 패턴이 드러난다. 이로부터 새로운 판매기회를 얻거나 틈새시장을 발견할 수 있으며, 비용을 절약할 수 있는 아이디어를 얻을 수 있다.

공공 데이터는 대부분 공개되고 있다. 2009년 미국 연방정부가 데이터를 공개한 이래 유엔, 영국 정부, 뉴욕, 샌프란시스코, 런던 등의 지자체들까지도 이에 동참했다. 우리나라 정부기관과 지자체들도 데이터를 공개하기 시작했다. 공공 데이터는 상당한 빅데이터로 이루어져 있으며, 데이터의 품질 또한 점점 좋아지고 있다.

한편 트위터, 페이스북, 포스퀘어 등과 같은 SNS 데이터에는 가입자들의 타임라인이 고스란히 담겨 있다. 가입자 개개인이 어디에 가서 무엇을 보고, 무엇을 먹고, 누구와 교류했는지에 대한 내용들이 기록되어 있는 것이다. 영화, 정치, 연예, 스포츠 등 거의 모든 이슈와 현상에 대한 의견이 존재한다. 따라서 SNS 데이터를 분석하면 사회동향, 브랜드 평판 같은 인사이트를 도출할 수 있다.

고가의 다이아몬드 반지는 누가 사는 걸까?

데이터 분석 방법론에서 시각화 영역은 제시된 이미지와 같이 하단부에 해당한다. 시각화와 OLAP on-line analytical processing인데, OLAP는 사용자가 대용량 데이터를 쉽고 다양한 관점에서 분석할 수 있도록 지원하는 비즈니스 인텔리전스Business Intelligence 기술이다.

이미지에서 초록색과 흰색은 각 층마다 인간이 공헌하는 부분과 컴퓨터가 공헌하는 부분의 비중이 다르다는 것을 나타낸다. 패턴 발견과 그 해석의 주체가 컴퓨터인 상단부는 데이터 마이닝이라고 부르고, 인간의 역할에 더 큰 비중을 둔 하단부는 비즈니스 인텔리전스라고 부른다.

보통 전산 패러다임은 입력→처리→출력으로 이루어진다. 소스데이터에 정해진 알고리즘을 적용하면 정제, 요약 등 일련의 과정을 거치면서 가치가 높은 정보가 생성된다. 원석을 다듬

데이터 분석 방법론

어 다이아몬드와 같은 고부가가치의 정보를 얻는 것과 같다. 이렇듯 데이터 분석을 통해 앞서 비즈니스 데이터가 밝힐 수 없었던 구매 이유까지도 알아낼 수 있다. 이로써 비용을 절약하거나 매출을 높이는 데 도움이 될 수 있다. 경쟁이 치열한 산업들 특히 금융, 통신, 유통업에서는 이미 상당히 많은 데이터 마이닝 프로젝트가 진행되고 있다.

한 가지 재미있는 사례를 이야기해보겠다. 어떤 백화점에서 고객의 구매 이력을 가지고 도대체 고가의 다이아몬드 반지를 사는 사람은 어떤 부류의 사람들인지 알아내는 숙제를 컴퓨터에게 내주었다. 몇 시간 후 컴퓨터는 결과를 산출했고, 컴퓨터가 밝혀낸 사실에 따라 백화점 측은 해당 고객군을 타깃으로 다이아몬드 카탈로그를 보냈다. 이 판촉 이벤트의 반응률은 무려 20%나 되었다. 즉, 1000명에게 카탈로그를 보냈다면 200명이나 주문을 했다는 것이다.

그렇다면 컴퓨터가 추정한 다이아몬드 구매자는 누구인가? 컴퓨터가 분석한 구매 가능성이 높은 유형은 과연 무엇인가? 단순히 돈이 많은 사람일까? 아니면 부부 사이가 좋은 사람일까? 정답은 부부 간의 나이 차이가 많은 사람이다. 나이 차이가 일곱 살 이상 되는 사람들이 다이아몬드 구매자가 될 확률이 높았다는 것인데, 아마도 이런 부부 사이에는 일종의 나이 차에 대한 보상심리가 존재하기 때문인 것 같다. 남편은 당연히 아내에게 보석을 사주어야 한다고 생각하고, 아내도 자신이 보상받아 마땅하다고 생각해서 다른 대조군에 비해 고가의 다이아몬드 반지 주문이 많았다고 해석할 수 있다.

분석 없는 데이터는 아무것도 아닌 것

현재 빅데이터의 거대한 원천은 SNS라고 볼 수 있다. 전 세계적으로 SNS에서 방대한 양의 데이터가 발생하고 있다. 예컨대 유튜브의 경우 전 세계에서 1분 동안 600개의 새로운 동영상이 업로드되고 총 15시간의 시청이 일어나고 있다. 1분 동안의 수치가 이와 같다면 하루 24시간 동안에는 얼마나 많은 동영상이 업로드되고 얼마나 많은 시청이 일어나고 있겠는가.

인터넷 라이브 스탯Internet Live Stats이라는 사이트의 '1 Second'라는 메뉴 탭을 보면 전 세계적으로 1초 동안 발생하는 SNS의 양이 나타난다. 이를테면 트윗은 9074개의 게시물, 인스타그램은 1007개의 게시물이 등록되며, 유튜브는 8만 5181개의 시청이 발생한다고 실시간 집계 현황에 드러난다. 이는 최근 유튜브의 인기를 여실히 보여준다.

빅데이터의 시각화 성공 사례로는 왓스리워즈what3words라는 재미있는 앱을 소개한다. 이 벤처회사는 신개념 글로벌 주소체계를 탄생시킨 아이디어로 주목받고 있다. 지구 표면을 '3미터 × 3미터' 사각형으로 분할했고, 총 57조 개의 셀을 만들었으며, 이 57조 개의 셀에 '중복, 찾기, 호감'과 같이 각기 다른 세 단어의 주소를 할당해서 위치를 구분한 것이다.

2013년 창업 초기에는 세계의 오지를 탐험하는 사람들이나 저개발 국가에서 원조활동을 하는 국제기구 봉사원들 사이에서 인기를 얻었으며, 최근에는 도시에서도 그 효용성을 입증하고 있다. 오토바이 택배 회사가 기존에 사용하던 맵 서비스 대신 왓스리워즈의 서비스를 사용하는가 하면, 벤츠, 포드, 랜드로버 등 자동차 회사들이 신규 모델의 내비게이션에 왓스리워즈의 신주소 체계를 사용하기 시작한 것이다. 차량 소유자가 가장 큰 이점으로 꼽는 것은 다름 아닌 자신의 음성으로 목적지를 지시할 수 있다는 점이다.

플라이트레이더24flightradar24라는 회사는 지도에 상용 항공기 운항 정보를 실시간으로 보여주는 서비스로 인기를 끌고 있다. 현재 운항 중인 비행기를 세계 지도 위에 실시간으로 디스플레이하는 것은 물론 유료 회원에게는 과거의 운항 데이터까지 수집할 수 있도록 제공한다. 국제항공운송협회IATA, 국제민간항공기구ICAO 등과 같은 국제항공기구의 서버에 접속하여 저장되어

왓스리워즈의 빅데이터 시각화

플라이트레이더24가 제공하는 항공기 운항 정보

있는 빅데이터를 활용하는 것이다. 가령 사이트에 접속해 화면의 비행기 한 대를 클릭하면 그 비행기의 출발지와 도착지는 물론, 항공기의 제원, 현재 위치, 운항 궤적 등 다양한 정보가 실시간으로 제공된다. 화면 속 항공기를 수초 간 응시하고 있으면 조금씩 앞으로 나아가는 것도 볼 수 있다. 예시 이미지처럼 항공기들이 목적지를 향해 운항하는 모습은 마치 철새떼의 이동처럼 보인다. 특정 시간대를 막론하고 운항 중인 항공기의 수는 1만여 대이고, 여객의 수는 1백만 명이라고 한다. 수많은 항공기의 실시간 위치를 파악하는 데 아무리 많은 자원이 들어가더라도 모니터링이 필요한 이동체임은 자명하다.

전 세계를 아우르는 '트위터 데이터'

과거에는 위치 데이터에 대한 정보가 부족해서 SK텔레콤이나 티머니T-money 같은 회사에 데이터를 요청해 이동패턴에 관한 분석을 진행했다. 반면 이제는 개인 연구자도 트위터나 포스퀘어 같은 소셜네트워크 서비스 회사의 서버에 접속하여 사용자의 위치가 포함된 지오트윗geotweet이나 체크인 데이터와 같은 SNS 데이터를 직접 수집할 수 있다. SNS 사용자는 자유롭게 이동하면서 데이터를 발생시킨다. 트위터는 사용자가 트윗을 보낼 때 그 사람의 정확한 좌표가 표기되기 때문에 오프라인상의 족적이 온라인상에 남게 된다. 시간에 따라 변경된 위치값이 있는 시공간 데이터spatio-temporal data이므로, 공간분포 분석은 물론이고 이동성 분석이 가능하다. 즉, 국가 간, 도시 간 또는 협소공간 간 이동 경로를 파악할 수 있다.

트위터 데이터를 얻는 방법은 세 가지가 있다. 레스트 API, 스트리밍 API, 그리고 파이어호스 방식이다. 앞의 두 가지 방식은 무료이고, 마지막 방식은 유료이다. '레스트 API' 방식은 세 가지(키워드, 중심좌표, 반경)를 입력하면 데이터를 추출해준다. 다음의 예시는 중심좌표와 반경을 입력해 원형 공간 안에서 발생한 데이터를 수집한 것이다. 레스트 API 방식은 1회 요청으로 최대 2000건의 트윗 정보를 수집할 수 있다. 하루 동안 요청 횟수도 제한하고

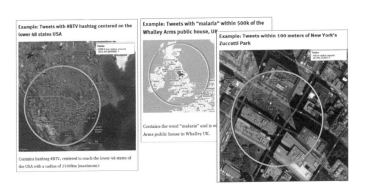

원형 공간 안에서 발생한 데이터 수집

있는데 그 이유는 서버의 컴퓨팅 자원에 부담을 주기 때문이다.

'스트리밍 API' 방식은 좌상단 좌표와 우하단 좌표를 입력하여 두 점에 의해 만들어지는 직사각형 공간 안에서 발생하는 실시간 트윗을 설정한 기간만큼 수집한다. 광운대 시공간데이터 분석 연구실에서는 최근 5년 간 일곱 차례에 걸쳐서 스트리밍 API 방식으로 지오트윗 데이터를 수집했다. 그 결과 약 14.2억 건의 정제된 지오트윗 데이터를 보유하고 있으며, 여기에는 전세계 약 1800만 명의 트위터 사용자의 행태 정보가 담겨 있다. 특히 지오트윗 데이터는 상세한 공간좌표인 위도와 경도 값을 가지고 있다.

[도식 1]은 2차 수집시기에 모은 약 2.8억 건에 달하는 지오트윗 데이터의 공간분포 시각화이다. 하나는 좌표 정보 대신에 국가명 정보를 이용하여 시각화한 것이고, 다른 하나는 공간을 가로, 세로 각각 100킬로미터의 길이로 분할하여 그리드를 만들고, 각 그리드에서 발생한 트윗의 양을 집계한 공간 시각화 차트이다. 짙은색 점은 트윗 양이 많이 발생한 곳을 의미하는데, 뉴욕, LA, 시카고, 도쿄, 파리 등 대도시들이 포함되어 있다. 트윗의 양과 인구는 비례관계인데, 예외가 있다면 중국과 한국이다. 중국에는 국민 메신저 위챗이 있고, 한국에는 카카오톡이 있기 때문에 트위터 사용자가 비교적 많지 않다.

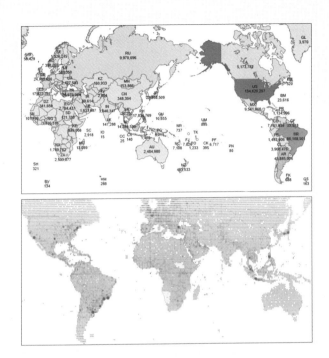

[도식 1] 지오트윗 데이터의 공간분포 시각화-(위)국가 정보로 시각화, (아래)공간 그리드맵

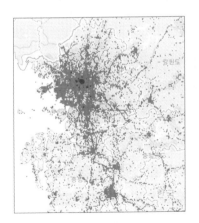

[도식 2] 수도권에서의 트위터 사용자의 분포를 시각화한 1km 그리드맵

트위터 사용자의 분포를 한국의 수도권으로 확대한 [도식 2]를 살펴보자. 공간이 작으므로 그리드 크기를 가로, 세로 1킬로미터로 설정한 것이다. 짙은색으로 표시된 지역으로는 명동, 광화문, 홍대입구 등이 있다.

지오트윗 데이터를 이용한 서울 지하철 역세권 분석

지하철 역세권은 주로 원형으로 표시한다. 지하철역 중심으로부터 200미터 원, 400미터 원, 600미터 원이 그려진 지도가 눈에 익을 것이다. 그런데 실제로 권역의 의미는 사람들에 의해 형성된 세력권이 더 의미가 있을 것 같다. 그런 취지에서 트위터 사용자가 발생시킨 위치 데이터를 이용하여 각 지하철역의 세력권을 시각화해 보았다.

역세권은 지하철역을 이용하는 인구와 역 주변에 위치한 상가를 이용하는 사람들에 의해 형성되는 공간으로, 유동인구에 의해 권역의 크기가 결정된다. 그러나 유동인구는 언제든지 본인의 의사에 따라 이동이 가능한 존재이기 때문에 지하철역을 중심으로 형성된 역세권은 결코 원형이 아닌 각 역의 상권에 따라 다양한 다각형 모양일 것이다.

각 역세권 안에 있었던 지오트윗 사용자가 만든 공간적 패턴과 본 연구에서 제안하는 신개념 역세권을 추정하기 위하여 다트판 형태의 새로운 공간분할 개념을 창안했다. 이에 따라 격자형과 같은 기존의 공간분할 기법으로는 만들어낼 수 없는 차원(방향, 거리)으로 역세권 공간을 상세하게 분할하여 인구 분포를 집계할 수 있다. 이를 위해 역세권 공간분석용 데이터마트를 구축하였고, 시각화 분석 도구인 태블로를 사용하여 다양한 집계표와 공간 시각화 그림을 생성했다.

먼저 281개 서울 지역 지하철역의 반경 600미터 이내에 있는 지오트윗 데이터를 추출한 후 새로운 공간분할 기법인 다트판 공간을 만들기 위해 공간정보학에서 사용하는 해버사인haversine 거리 공식을 적용하여 도넛형 공간을 생성했다. 이어서 아지무스azimuth 각도 공식을 사용하여 파이형 공간을 생성한 다음 도넛형 차원과 파이형 차원을 결합한 다트판 차원을 생성했다. 이로써 모든 역세권에 적용할 수 있는 표준 공간분석 단위를 만들었다.

SNS 사용자가 발생시킨 트윗의 위치값과 양을 근거로 각 지하철역마다 다른 형태의 신개념 다각형 역세권을 추정해 보았다. 일반적으로 역세권 형태를 원형으로 가정하고 있으나, 지하철역은 역세권 내의 상가입지, 연결교통망, 기반시설, 자연환경, 유동인구 등 여러 요소에 의해 역세권의 형세가 다르다. 역세권 모양이 실제로는 원형이 아닌 다각형 형태라고 볼 수 있는 것이

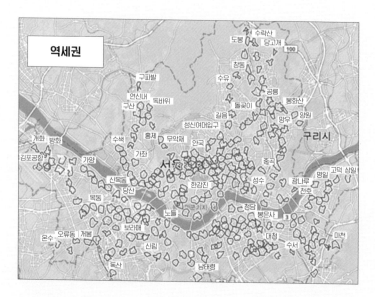

트윗의 위치값과 양을 근거로 추출된 역세권의 다각형 모양

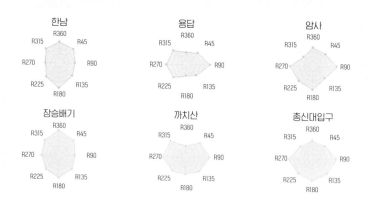

추출된 데이터를 근거로 유사한 모양끼리 분류한 역세권

다. 국내 지오트윗 양이 많지 않아 각도 구간을 30도로 크게 설정했기 때문에 12각형으로 구현했지만 향후 지오트윗 데이터가 더 누적되거나, 트윗 양이 많은 도시를 분석 대상으로 할 경우에는 각도 구간을 더 좁혀서 24각형, 36각형 폴리곤(컴퓨터 그래픽에서 입체 도형을 구성하는 최소 단위의 다각형)으로 구현 가능하다.

앞서 추출한 데이터를 토대로 서울 소재 281개 지하철역의 281가지 역세권 형태 중 유사한 모양끼리 분류해 보았다. 둥근 모양, 남북으로 긴 모양, 동서로 긴 모양, 마름모 모양 등 다양한 형태가 출현하였는데, 이를 k-최근접 이웃 알고리즘을 이용하여 분류했다.

이번에는 라스베이거스, 두바이, 로마, 밀라노, 파리, 모스크바 등 여섯 도시에서 발생한 트윗의 양을 시각화한 영역형 차트를 살펴보자. 트윗 사용자를 내국인과 외국인으로 구분했다. 외국인이 발생시키는 트윗 양이 과반을 넘는 도시는 두바이, 로마, 파리인데, 두바이에는 외국인 취업자가 자국민보다 7~8배 많다. 로마와 파리는 외국인 관광객이 많기 때문으로 추측된다. 그리고 밀라노, 파리, 로마의 영역 차트에는 라스베이거스 또는 모스크바에서 볼 수 없는 두드러진 특징이 있다. 쌍봉 현상이 특히 내국인 그룹에서 뚜렷하게 나타나는 것인데, 그 까닭은 다름 아닌 '시에스타'라고 하는 낮잠 시간 때문이다.

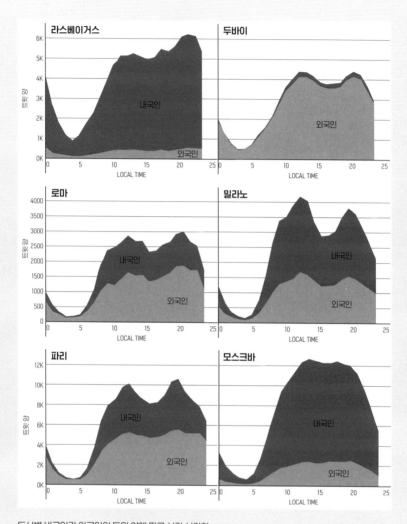

도시별 내국인과 외국인의 트윗 양에 따른 시간 시각화

역세권 공간분석 개념을 더 큰 공간(관광지 또는 도시)에 확대 적용한다면 해당 지역에 대한 이해를 높일 수 있을 것이다. 공간 분석의 데이터 시각화는 그 지역의 개발정책 수립에 도움이 되고, 지역경제 활성화 방안의 토대가 되는 참고자료로 적합하다.

사용자 중심점을 통해 사람들의 활동반경과 중심지역을 살피다

사람들의 분포를 관찰하는데 사용자 중심점Centroid의 개념은 유용하다. 만약 어떤 사람이 여러 장소에서 열 개의 트윗을 보냈다면, 그 사람의 중심점은 어떻게 계산될까? 열 가지 경도좌표의 산술평균과 열 가지 위도좌표의 산술평균이 그 사람의 중심점이 된다. 각 도시에 수만 명의 사람들이 존재하고, 1인당 다량의 트윗을 각기 다른 장소에서 발생시켰다고 하더라도, 사용자 중심점은 산술평균으로 손쉽게 구할 수 있다.

서울, 오사카, 라스베이거스, 두바이, 파리, 모스크바의 사용자 중심점 분포를 시각화한 자료를 보자. 각 도시의 시청을 중심으로 반경 40킬로미터 원 안에서 발생한 트윗을 추출하여 기초데이터로 사용하였다. 이를 통해 각 도시에서 생활하는 사람들의 활동반경과 중심지역을 비교해볼 수 있다.

서울은 홍대입구 지역과 종로-시청 지역, 그리고 압구정역, 강

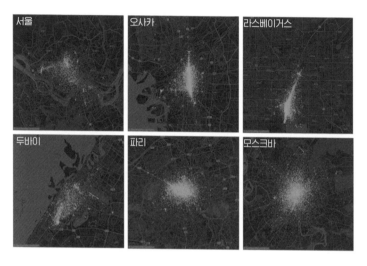

도시별 사용자 중심점의 분포 양상

남역 인근에 각기 상권이 형성되어 있다. 두바이도 다양한 지역에 넓게 사용자 중심점이 분포되어 있다. 외국인 취업자들이 각자의 거주 지역에서 크게 벗어나지 않고 생활하는 것으로 보인다.

오사카와 라스베이거스는 사용자 중심점이 남북으로 길게 형성되어 있다. 오사카는 남북으로 지하철이 지나가며 대부분의 상권이 이 지하철 축선에 형성되어 있다. 따라서 사람들의 활동도 그 선상에서 대부분 이루어진다고 한다. 라스베이거스 역시 남북으로 긴 띠를 이루고 있으나, 도시 남쪽으로 치우쳐 있다. 이 지역이 그 유명한 라스베이거스 스트립Las Vegas Strip이다. 수십 개의 대형

카지노호텔이 띠를 형성하고 있는 것이다. 따라서 두 도시의 트위터 사용자 중심점이 유사한 모양을 보이는 것은 당연하다.

파리와 모스크바는 유서 깊은 도시로 방사형 도시이다. 사용자 중심점 역시 원형을 이루고 있다. 다만 파리의 경우 10시 방향으로 가는 띠가 형성되어 있는데, 그 선의 끝이 라데팡스이다. 1958년 신개념 부도심을 건설하였는데, 라데팡스에는 상가와 전시장들이 있어서 관광객은 물론 파리 도심으로부터 업무차 방문하는 사람들이 많다. 이들의 이동선이 누적되어 그림과 같은 띠를 형상화해주고 있다.

한국의 사용자 중심점 사례를 살펴보자. 한류의 흐름을 타고 중국이나 태국에서 우리나라로 관광객이 많이 입국한다. 그래서 인천공항에서부터 관광객의 이동경로를 추적해봤더니 명동과 청담동에서 트윗 데이터가 많이 발생하는 것으로 나타났다. 그런데 청담동의 경우, 큰 도로가 아닌 이면 도로에서 상당량의 트윗이 발생한 것을 발견하였다. 지도앱에서 검색해 봤더니 그 발생 지점이 다름 아닌 JYP 건물 앞이었다. 소위 한류 관광객의 성지가 세 곳이 있는데 그곳은 JYP와 SM, YG 사옥이라고 한다. 이를 지오트윗 분석으로 검증이 가능한 것이다. 바야흐로 인간의 동선이 실시간으로 중계되는 세상, 데이터 시각화가 사람들의 분포와 이동성에 대한 이해를 촉진시켜준다.

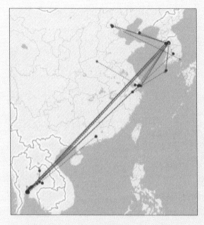

한류의 흐름을 타고 중국이나 태국에서
우리나라로 관광객이 많이 입국한다.

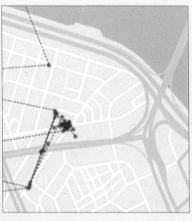

청담동 JYP 본사 주변에
지오트윗이 집중적으로 발생했다.

인천공항에서부터 관광객의 이동경로를 추적해봤더니
명동과 청담동에서 트윗 데이터가 많이 발생하는 것으로 나타났다.

결국 다양한 데이터 경험이 중요하다

빅데이터는 우리에게 난제이면서 동시에 커다란 기회를 제공한다. 데이터를 분석하기 전에는 무엇보다 전체 구조를 탐색해야 한다. 빅데이터 탐색은 데이터 시각화 기법을 사용하면 문제점을 신속하게 파악할 수 있다. SNS를 살펴보자. SNS 사용자가 쓴 자연어는 가공을 해야만 집계를 할 수가 있다. SNS 안에는 정치인, 연예인, 음식, 영화, 관광지, 자동차, 소비재, 아파트, 회사, 주식 등 모든 사물이 언급되어 있다. 가공된 SNS 데이터를 분석하면 사회 동향이나 브랜드 평판을 알 수 있다. 이때 연관어맵, 워드 클라우드 같은 결과물을 만드는데, 이 역시 대표적인 데이터 시각화의 방법이다.

데이터 시각화는 통계학이나 컴퓨터 언어를 잘 몰라도 일정

수준의 정보를 산출해낼 수 있게 돕는다. 다시 말해서 통계 전문가나 컴퓨터 과학자가 아니더라도 누구나 쉽게 데이터 시각화를 구사할 수 있는 것이다. 그러나 데이터 시각화를 잘 구현하려면 데이터 이해력과 함께 시각적 표현력이 필요하다. '데이터를 보는 눈'을 기르려면 다양한 데이터셋data set을 경험해봐야 한다. 유통업의 POS 데이터, 휴대폰의 CDR 데이터, 신용카드사의 결제내역 데이터, 물류/교통의 출발/도착지Orgin Destination, OD 데이터 분석을 통해 비즈니스 운영 및 주요 성과지표를 알아보고, 각 지표값의 범위를 체득하고 있어야 한다.

트위터, 페이스북, 인스타그램, 포스퀘어, 유튜브, 링크드인, 카카오 같은 다양한 SNS 서비스는 각기 독특한 데이터 구조와 데이터 필드를 사용하고 있다. 이러한 메이저급 SNS 데이터를 직접 또는 간접적으로 수집해 데이터 분석 경험을 쌓는 것이 좋다. 이 데이터에는 사용자의 타임라인을 포함하고 있기 때문에 이를 분석하면 핫플레이스 판별, 상권 잠재력 평가, 고객 이동경로 예측, 사용자 간 의사소통 네트워크를 시각화할 수 있다. 또 네트워크 분석을 통해 사용자 그룹 판별 및 인플루언서 식별이 가능하다. 이는 많은 기업에서 필요로 하고 유용하게 쓰이는 정보다.

위치 정보의 중요성은 점점 대두되고 있다. 지번 주소는 있었으나 공간좌표 값(GPS)을 가지고 있지 않아서, 그동안 정보를 지도 위에 디스플레이하지 못하고, 시도, 시군구, 읍면동으로 집계한 표 정도로 시각화하는 수준에 머물러 있었다. 매장이나 아파트와 같은 고정체의 GPS 데이터, 사람이나 자동차와 같은 이동체의 GPS 데이터가 있으면 정보를 지도 위에 디스플레이할 수 있는데, 표에는 없는 전주의적 속성을 지도로 보여줄 수 있다. 그렇기에 정보 인식률이 높을 뿐만 아니라, 표에서는 기대할 수 없는 매장 간 연결선(또는 매장 연결망)과 연결 강도를 표현할 수가 있다. GPS라는 공간 차원이 데이터에 추가되면 지도 위에 고정체의 분포를 집계할 수 있고, 이동체의 이동경로를 디스플레이할 수 있게 된다. 데이터 시각화의 정점인 공간 시각화 단계가 보다 활성화되어 우리 일상에 긍정적인 영향을 끼치기를 바란다.

3부

분류와 예측, 미래를 읽는 가장 확실한 방법

김성범

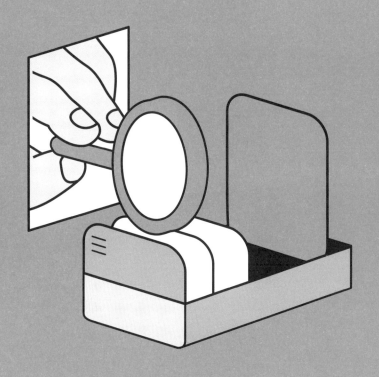

'분류'와 '예측'은 인공지능과 머신러닝을 이해하는 데 기본이 되는 요소이다. 앞으로 어떤 형태의 인공지능 서비스가 세상에 등장할지는 아무도 예측할 수 없다. 우리의 작은 호기심을 이로부터 촉발해보자. 인간에게 잠재된 '호기심 DNA'가 사라지지 않는 한 인공지능과 머신러닝에 대한 관심과 열정은 결코 사라지지 않을 것이다.

인공지능과 머신러닝을 움직이는 기본 원리

바둑 프로그램 알파고의 등장으로 인공지능의 위세가 한껏 치솟은 것이 벌써 수년 전의 이야기다. 지금은 인공지능과 머신러닝 용어가 사회적으로 보편화되었다. 초등학생도 학교에서 코딩 수업을 하며 컴퓨팅 사고력을 기르는 등 AI를 활용하는 것은 필수 소양이 되어버렸다.

하지만 컴퓨터가 인간과 같은 자유의지를 가지고 스스로 배우는 것은 아직까지 불가능한 일이다. 컴퓨터는 여전히 스스로 배운다기보다는 인간에 의해 학습될 뿐이다. 컴퓨터 구동 메커니즘으로서 알고리즘은 인간이 개발하는 것이기 때문이다. 컴퓨터 학습에 필요한 것은 빅데이터다. 빅데이터가 세상을 밝히는 시대에 인공지능 개발은 인간에게 어떤 의미를 갖는 것일까?

인간은 언제나 해결하고자 하는 문제를 갖고 있다. 현대사회에 올수록 해결 과제는 점점 다양해지고 방대해져만 간다. 이 온갖 문제를 해결하는 방안으로 여러 가지 순서화된 작은 규칙들이 존재하는데 그 규칙들을 모아놓은 집합을 알고리즘이라고 한다. 이런 알고리즘을 컴퓨터에게 학습시켜서 알려주어야 한다. 그런데 컴퓨터에게는 인간과 인간이 대화하듯이 인간의 언어를 통해서 전달할 수 없으니 어떤 특별한 수단이 필요하다. 그 수단이 바로 컴퓨터 언어다. 머신러닝이라는 말은 인간이 개발한 알고리즘을 컴퓨터 언어를 통해 기계에게 학습시키는 행위 정도로 정의할 수 있다.

현재 우리 사회의 미래를 이끄는 인공지능과 머신러닝을 이해하기 위해 가장 기본이 되는 것은 '분류'와 '예측'이다. 데이터 활용 공부는 이로부터 시작해야 한다. 인공지능과 머신러닝은 인류 몸속 깊숙이 잠재해 있는 '호기심'이라는 DNA가 사라지지 않는 한 끊임없이 발전할 것이다. 이를 두려워하기보다는 인간이기 때문에 가지게 되는 부족함과 한계를 극복할 수 있는 수단으로 즐겁게 사용되어야 할 것이다.

데이터 활용은
분류와 예측에서 시작한다

예측 모델이 무엇인지 그 얼개부터 살펴보자. 먼저 예측 모델을 구축하기 위해 꼭 필요한 것은 데이터이므로 데이터의 기본적인 형태를 이해하는 것이 필요하다. 데이터는 보통 행과 열, 즉 행렬의 형태로 표현된다. 행에는 관측치가 담겨 있는데 [도식 1]은 n개의 관측치를 포함한 예제이다. 여기서 변수는 관측치를 설명하는 특성치라고 보면 된다.

변수는 보통 크게 X변수와 Y변수로 나눈다. 이 중 Y변수는 어떠한 결과로 값이 나오는 변수라면, X변수는 Y변수의 원인이 되는 변수를 일컫는다. 각 분야마다 이를 가리키는 이름이 조금씩 다르다. 보통 독립변수, 종속변수 혹은 예측변수, 반응변수 등으로 부르고, 최근에는 간단히 입력변수와 출력변수로도 부른다.

X(원인) : **독립변수, 예측변수, 입력변수**

변수 관측치	X_1	$\cdots$	X_i	$\cdots$	X_p	Y
N_1	X_{11}	$\cdots$	X_{1i}	$\cdots$	X_{1P}	20.5
N_2	X_{21}	$\cdots$	X_{2i}	$\cdots$	X_{2P}	22.2
$\vdots$	$\vdots$	$\vdots$	$\vdots$	$\vdots$	$\vdots$	$\vdots$
N_n	X_{n1}	$\cdots$	X_{ni}	$\cdots$	X_{nP}	82.8

[도식 1] 데이터의 기본적인 형태

여기서는 원인이 되는 변수와 결과가 되는 변수 두 가지로 나눌 수 있다는 정도만 기억하자.

X변수와 Y변수가 존재하는 [도식 1]의 데이터를 갖고 예측 모델을 구축해보자. 예측하고자 하는 대상은 Y변수에 담겨 있으니 먼저 Y변수를 잘 살펴보아야 한다. Y변수의 특성에 따라 예측의 종류가 달라지는데, Y가 연속형일 경우에는 수치예측, 범주형일 때는 범주예측이라고 한다.

우선 숫자로 표현할 수 있는 형태의 데이터를 연속형 데이터라고 한다. 가격, 길이, 압력, 두께, 크기 등이 연속형 데이터다. 반면 범주형 데이터는 원칙적으로 숫자로 표시할 수는 있지만 숫자만으로는 아무런 의미가 없는 데이터다. 예를 들어 제품의

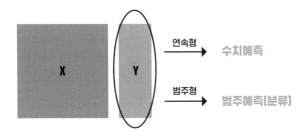

연속형 데이터와 범주형 데이터

불량 여부(양품/불량), 보험사기 여부(정상/비정상) 등에서 Y에 각각 양품이나 정상을 0, 불량이나 비정상을 1, 이렇게 숫자로 표현할 수 있지만 이때 0과 1은 숫자적 의미가 없는 것이다.

이때 Y가 연속형인 문제를 수치예측regression 문제라고 하고, Y의 형태가 0 아니면 1의 범주 형태로 담겨 있는 데이터를 분석하는 것을 범주예측이라고 한다. 그런데 범주예측은 수치예측과 구별하기 위한 용어일 뿐, 보통 학계나 현실에서는 분류classification라고 많이 부른다. 수치예측, 분류 모두 예측의 의미를 담고 있다는 점을 확실히 알아두자.

중고차 가격은 어떻게 예측하는가

수치예측, 즉 Y가 연속형 데이터인 경우 어떻게 예측을 하는

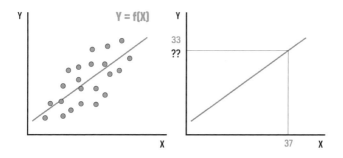

[도식 2] 수치예측 모델링 개요

지 그 과정을 살펴보자. [도식 2]는 초록색 점이 데이터 관측치이며, 원인인 X변수가 한 개, 결과인 Y변수가 한 개 있는 간단한 예제다. 이때 원인과 결과의 관계를 잘 설명할 수 있는 모델을 찾는 것, 그것이 바로 수치예측 모델링이다. [도식 2]에서는 모델이 회색 직선이다. 이 회색 직선 모델을 활용해보자. 즉 Y값이 없는 X값이 왔을 때 X값을 이 함수에 집어넣으면 Y값이 예측된다. X값을 37로 넣으니 Y값이 33으로 예측되었다. 바로 이것이 수치예측 모델링의 개요다.

중고차 가격을 예측해보자. 일단 중고차 가격은 숫자로 표현할 수 있는 데이터이므로 연속형이다. 이때 예측하고자 하는 대상은 Y에 있고 X는 Y를 예측하기 위한 인자들이다. 그 인자들로서 정보에 주행거리, 마력, 용량이 있다. 이 세 가지 변수를 가지고 가격을 예측하려고 한다. 우선 이 주어진 데이터를 가지고 가격을 예측할 수 있는 함수를 만들어야 할 것이다. 이것이 예측 모델링의 첫 번째 단계라면 다음은 예측 단계다. 실제로 중고차가 입고되면 계기판에 나타난 주행거리, 마력, 용량의 정보로 만들어진 첫 단계에서 구축된 함수에 집어넣는다. 이로써 궁극적인 목표였던 가격을 예측하는 것이다.

범주를 예측하는 분류

이제 범주형 데이터를 살펴보자. 예를 들어, 불량과 양품 두 범주를 예측하는 문제에서 불량은 0, 양품은 1로 표시할 수 있다. 하지만 여기서 0과 1은 숫자로서 의미가 없다. 반드시 0과 1을 사용할 필요도 없고 서로 다른 숫자로 구분해서 표현만 하면 된다. 즉 범주예측은 숫자를 예측하는 것이 아니라 범주를 예측하는 것이므로 이를 위해 두 범주를 잘 나누는 함수를 찾는 것이 중요하다.

배터리 제조업체의 예시를 통해 범주예측을 살펴보자. 배터리를 생산하려면 배터리 설비 파라미터, 즉 배터리를 만드는 설비들이 필요하다. 이것의 상태를 알 수 있는 데이터들이 X변수들로 X_1부터 X_p까지 들어간다. 배터리 설비에는 상당히 많은 센

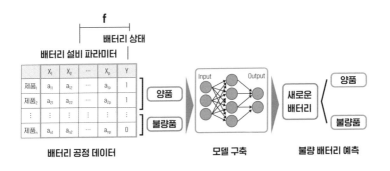

범주예측 예제-배터리 제조업체의 불량 예측

서들이 부착되어 있는데 이 센서들을 X변수로 보면 된다. 그래서 P개의 센서가 있고 그 센서로부터 데이터를 얻게 된다. 이 설비로부터 나온 배터리의 최종 상태를 Y변수에 포함한다. 여기서 설비들의 상태와 최종 배터리의 불량 여부는 상관관계가 있을 것이다. 즉 X와 Y 사이의 관계를 잘 설명할 수 있는 모델을 구축하고, 이후 새로운 배터리가 들어왔을 때 구축된 모델에 X변수를 넣으면 그것이 양품이 될지 불량품이 될지 예측하는 것이다.

다음으로 이동통신회사를 살펴보자. 이동통신회사에서 보유하고 있는 데이터는 고객 데이터다. 성별, 연령, 직업, 연봉 등의 고객 데이터가 X변수에 담기게 된다. 이동통신회사에서는 이 고객 데이터를 가지고 해당 고객의 이탈 유무를 예측하는 게 중요한 문제다. 고객들은 보다 유리한 조건으로 통신사 간

이동하는 경우가 많기 때문에 이동 가능성이 있는 고객을 미리 찾아내 다른 통신사로 이동하지 않도록 방지하는 마케팅이 중요하다.

이 경우 고객 정보와 실제 이탈 여부 사이에 내재한 관계를 찾는 것이 모델링의 첫 번째 단계가 된다. 즉 어떤 특성을 갖고 있는 고객들이 주로 이탈을 하고 또 특정 특성을 갖고 있는 사람은 이탈하지 않는다는 일종의 패턴을 찾는 것이다. 이렇게 해서 모델을 구축했으면 새로운 고객이 왔을 때 그 고객 정보, 즉 성별, 연령, 직업, 연봉 등의 X정보를 이미 구축해놓은 모델에 넣어 예측한다. '이탈'로 예측된 고객들에게 마케팅을 잘해야 하는 것이다.

보험회사의 경우, 고객이 보험을 청구할 때 무조건 보험금을 지급하는 것이 아니라 자체적으로 심사과정을 거친다. 해당 청구가 정상적인 청구인지 아니면 과다 청구인지를 평가하는 것이다. 이때 X변수는 각 청구 건당 청구내역이고, Y변수는 그것이 정상 청구인지 아니면 과다 청구인지 따지는 것이다. 청구내역과 과다 청구 사이에는 분명한 관계가 있으므로 그 관계를 잘 설명하는 함수를 찾는 것이 첫 번째 단계이다. 두 번째는 예측 단계로 새로운 청구 건을 입수할 때 첫 번째 단계에서 찾은 함수에 청구내역을 넣어 결과적으로 그것이 정상적 청구인지 사기인지 분별하는 것이다.

지금껏 살핀 세 가지 예시 모두 Y변수는 숫자가 아닌 범주다. 이처럼 범주를 예측하는 문제를 분류라고 한다.

모델링의 핵심요소는 X변수와 Y변수

일상의 많은 현상을 X변수와 Y변수로 설명할 수 있다. 예컨대 고객을 직접 상대하는 기업들 가령 카드사, 이동통신회사, 백화점 및 유통업체 등에서는 이탈할 고객들을 미리 예측해서 사전에 방지하는 것이 중요하다. 장비를 다루는 장비 업체의 경우는 어떠할까? 장비가 고장 나는 시점을 예측할 수만 있다면 사전에 적절한 조치를 취할 수 있으니, 여기에서도 예측은 중요한 역할을 한다. 금융업체 또한 여러 금융 정보를 이용해서 최적의 투자 전략을 찾는 일은 중요하다. 제조업체라면 생산 제품의 수요 예측이 필수적일 것이고, 보험회사라면 신규 보험 청구 건을 입수했을 때 그것이 정상적인 청구인지 과다 청구인지를 심사하는 것이 중요하다. 이런 모든 문제들을 X와 Y의 데이터 형태로 담을 수 있다.

문제 해결에서 핵심 아이디어는 적절한 X, Y 데이터를 수집하는 일이다. 그 다음 중요한 것은 바로 X와 Y의 관계를 찾는 것이다. 이때 예측하려는 대상인 Y변수를 설명하는 X변수는 보통 여러 개 존재한다. X변수는 1000개, 10000개까지 혹은 그 이상으로 그 수가 늘어나기도 한다. 그러다보니 예측 모델링의 목표는 여러 개의 X와 Y의 관계를 찾는 것이 된다. 여기서 관계를 찾는 일을 조금 더 수학적으로 기술하면 Y를 표현하기 위한 X변수들의 조합(결합)을 결정하는 것이다.

X변수들을 결합해서 예측하고자 하는 대상인 Y를 표현하는 것, 이것이 핵심 아이디어인 셈이다. 이를 수식으로 표현하면 다음의 함수와 같다.

$$Y = f(X1, X2, \cdots, Xp)$$

P개의 X변수가 있다면 이들의 함수식을 통해 Y를 표현하자는 것이다.

X, Y 데이터로 함수 찾기

다음은 함수상자를 표현한 것으로, X가 이 함수상자에 들어가면 Y가 나오게 된다. 보통 우리는 X값와 함수가 주어진 상태에서 Y값을 묻는 문제를 많이 풀게 된다. 예를 들어 X에 10을 더하면 Y가 된다는 함수가 있으면, X에 20을 넣으면 얼마가 되는지

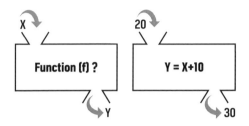

를 묻는 것이다. 이때의 정답은 30이다.

그런데 예측 모델링에서는 함수가 주어지는 게 아니라 X와 Y가 주어진 상태에서 함수를 찾아야 한다. 즉 주어진 X, Y 데이터를 가지고 함수를 찾는 것이 목표다.

예를 들어 입력값이 20이고 출력값이 30인 경우, 이를 설명할 수 있는 함수식이 무엇인지 알아내야 한다. 물론 하나의 사례만으로 이를 일반화하기는 어렵지만 사례가 많아질수록 일반화된 함수를 찾을 수 있다.

다음은 네 개의 관측치에 X변수와 Y변수가 각각 한 개 있는 간단한 예제이다. 입력값이 0, 1, 2, 3이고 출력값이 0, 2, 4, 6이다. 이때 X와 Y 간의 함수는 무엇일까? X에 2를 곱하면 Y가 되는 관계다. 이처럼 X, Y 데이터가 주어졌을 때 'Y=2X'라는 함수를 찾는 것이 예측 모델링의 목표이다.

그런데 예제에서 X값이 0, 1, 2, 3이고 Y값이 1, 3, 5, 7이라면, 이때의 함수는 어떻게 될까? 'Y=2X+1'이라는 간단한 함수식이

X	Y
0	0
1	2
2	4
3	6

0, 1, 2, 3

Y = 2X

0, 2, 4, 6

나온다. 이 식에서 미래에 X에 4가 입력되면 Y는 무엇이 될까? 당연히 구축된 함수식에 X를 4로 넣으면 '9'라는 숫자가 나온다. 기존의 데이터 네 개를 가지고 함수식을 만드는 첫 번째 단계와 만든 함수식으로 미래의 Y값을 예측하는 단계를 합쳐 예측 모델링을 만든 것이다.

그러면 Y를 조금 더 복잡하게 바꿔보자. X가 0, 1, 2, 3이고 Y가 2, 2.5, 3, 3.5인 경우의 문제다. 이도 어렵지는 않다. 답은 Y=0.5X+2로서, X에 0.5를 곱한 다음 2를 더하면 Y가 나오는 관계이다.

그럼 복잡한 관계는 어떻게 할까?

이제 X변수가 두 개인 경우를 보자. X변수가 제시된 함수상자처럼 두 개가 있고 관측치는 네 개만 있다. 입력값이 하나의 쌍으로 투입되고, Y가 2, 4, 6, 8인 이 경우는 어떤 함수 관계를 갖는 것일까? 어렵지 않다. 첫 번째 X와 두 번째 X를 더하면 Y가 되는

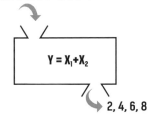

(0, 2), (1, 3), (2, 4), (3, 5)

X_1	X_2	Y
0	2	2
1	3	4
2	4	6
3	5	8

$Y = X_1 + X_2$

2, 4, 6, 8

관계이다.

이때 X변수에 100과 200이 주어진다면 Y값은 어떻게 될까? 300이다. 왜 300인가? 기존의 데이터에서 찾은 패턴 때문이다. 우리는 이 패턴이 맞는다는 가정하에 메커니즘을 활용해서 두 X변수를 더해 Y를 예측하게 된 것이다.

다음의 함수상자는 Y를 조금 복잡하게 만들어본 것이다. 하지만 역시 어렵지 않게 함수 관계를 찾을 수 있다. X_1에 0.5를 곱하

(0, 2), (1, 3), (2, 4), (3, 5)

X_1	X_2	Y
0	2	6
1	3	9.5
2	4	13
3	5	16.5

$Y = 0.5X_1 + 3X_2$

6, 9.5, 13, 16.5

고 X_2에 3을 곱해서 더하면 Y가 되는 관계를 갖는 데이터다.

조금 더 복잡한 예제를 만나보자. 여기서는 X_1과 X_2의 더하기 빼기 결합만으로는 Y를 표현할 수 없다. 그래서 알 수 없음의 의미로 물음표를 넣었다. 그런데 실상 우리가 접하는 데이터들은 대부분 이런 경우이다. 아무리 좋은 X들이 있다 하더라도 X만 갖고는 Y를 정확하게 표현할 수 없는 경우가 많다는 뜻이다.

[0, 2], [1, 3], [2, 4], [3, 5]

X_1	X_2	Y
0	2	6
1	3	9
2	4	11.5
3	5	14.5

$$Y = ?X_1 + ?X_2$$

6, 9, 11.5, 14.5

앞서 중고차 가격을 주행거리, 마력, 용량, 이 세 가지 X 정보로 가격 Y를 예측하는 것을 살펴보았다. 그런데 아무리 주행거리, 마력, 용량이 가격에 중요한 영향을 미친다 하더라도 이 세 가지 정보만 갖고 중고차 가격을 정확하게 예측하기란 불가능하다.

그래서 항상 이 뒤에는 미지의 수 'ε(epsilon)'이라는 게 존재한다. 이를 우리말로는 오차error라고 한다. 우리가 예측하고자 하는 것은 중고차 가격인데 이 가격은 이미 갖고 있는 X변수로 설명

	X_1	X_2	X_3	Y
모델	주행거리	마력	용량	가격
TOYOTA Corolla 2.0 D4D HATCHB TERRA 2/3-Doors	46986	90	2000	13500
TOYOTA Corolla 1800 T SPORT VVT I 2/3-Doors	19700	192	1800	21500
TOYOTA Corolla 1.9 D HATCHB TERRA 2/3-Doors	71138	69	1900	12950
TOYOTA Corolla 1.8 VVTL-i T-Sport 3-Drs 2/3-Doors	31461	192	1800	20950
TOYOTA Corolla 1.8 16V VVTLI 3DR T SPORT BNS 2/3-Doors	43610	192	1800	19950
⋮	⋮	⋮	⋮	⋮

$$Y = ?X_1 + ?X_2 + ?X_3 \quad + \varepsilon$$

$$\underbrace{\qquad\qquad\qquad}_{\text{X로 설명되는 부분}} \quad \underbrace{\qquad}_{\text{그렇지 않은 부분}}$$

될 수 있는 부분과 그렇지 않은 부분으로 나뉜다는 것으로, 보통 우리가 접하는 데이터의 일반적인 패턴이라 할 수 있다.

함수를 찾으면 미래가 보인다

앞서 예측하고자 하는 Y는 X변수들로 설명할 수 있는 부분과 X 변수들로 설명할 수 없는 부분이 결합된 형태라고 했다. 이때 결합에서 중요한 부분이 변수 앞에 있는 W값이다. W는 모델의 파라미터parameter이며 이는 우리말로 '모수母數'라고 한다. 모母는 '어머니 모'자가 아닌가. 모델링을 하며 어머니와 같은 중요한 역할을 한다고 해서 모수라고 부른다. X로 설명할 수 있는 부분과 그렇지 않은 부분을 함수로는 다음과 같이 표현한다.

$$Y = w_1 X_1 + w_2 X_2 + \varepsilon$$

위의 식을 재배열해서 오차에 대해 정리하면 다음과 같다.

$$Y = w_1X_1 + w_2X_2 + \varepsilon$$
$$= f(X) + \varepsilon$$

$$\varepsilon = Y - f(X) \implies 오차$$

손실함수
(loss function)

best case
$$\implies Y - f(x) = 0, \ \varepsilon = 0$$

손실함수와 비용함수

실제 Y값과 모델에서부터 나온 Y값의 차이를 오차라고 부르며, 이 식을 손실함수loss function라고 한다. 즉 실제 Y값과 모델로부터 나온 Y값의 차이가 손실이고, 이를 표현한 함수를 손실함수라고 하는 것이다.

다음 예제는 X_1과 X_2를 단순히 더한 함수 형태다. 이 형태에서 오차는 실제 Y와 f(X)차이가 된다. 보통 n개의 관측치가 있다면 n개의 오차가 나온다. 각각의 관측치마다 실제 Y값이 있고 모델로부터 나온 Y값이 있을 테니 ε을 관측치마다 구할 수 있는 것이다. 그러면 이 n개의 오차를 요약할 필요가 있고, 단순히 더한다면 0이 나온다.

왜 0이 될까? 실제 Y값은 모델로부터 나온 Y값보다 클 때도 있

$$\varepsilon = Y - f(X)$$

손실함수
(loss function)

$$f(X) = w_1X_1 + w_2X_2 + \varepsilon$$

$$\varepsilon = Y - (w_1X_1 + w_2X_2)$$

$$\varepsilon_i = Y_i - (w_1X_{1i} + w_2X_{2i}), i=1,2,\cdots,n$$

X_1	X_2	Y
0	2	2
1	3	4
2	4	6
3	5	8

고 작을 때도 있다. 이 값이 마이너스가 될 때도 있고 플러스가 될 때도 있다는 뜻이다. 그래서 마이너스 값과 플러스 값을 전부 더해버리면 그 모든 것이 상쇄되어 0이 되는 것이다. 이론적으로 증명이 가능한 결과다.

그런데 0이 나오면 우리가 궁극적으로 알고 싶은 차이의 정도를 알 수 없다. 실제 Y값과 모델로부터 나온 Y값의 차이를 알고 싶은 것인데 이를 전부 더해 0이라고 하면 차이가 없게 되는 것이 아닌가. 그래서 이때는 플러스이건 마이너스이건 차이 자체가 중요하므로 마이너스를 다 없애 플러스로 바꾸어야 한다. 여기서 마이너스를 없애는 방법 중 가장 많이 쓰이는 게 바로 제곱이다. 제곱을 취하면 마이너스가 플러스로 다 바뀌게 된다. 그러면 실제 Y값과 모델로부터 나온 Y값의 차이를 제곱의 스케일이긴 할지언정 정확히 알 수 있으며 다음 함수의 형태로 나타낼 수 있다. 이때 이 함수를 비용함수cost function라고 한다.

$$\varepsilon_i = Y_i - (w_1 X_{1i} + w_2 X_{2i}), \ i = 1, 2, \cdots, n$$

$$\sum_{i=1}^{n} \{Y_i - (w_1 X_{1i} + w_2 X_{2i})\} = 0$$

$$\sum_{i=1}^{n} \{Y_i - (w_1 X_{1i} + w_2 X_{2i})\}^2$$

비용함수
(cost function)

그렇다면 손실함수와 비용함수의 차이는 무엇일까? 비용함수는 손실함수들의 합(혹은 평균)의 형태라고 보면 된다. 일반적으로는 여러 개의 관측치를 고려하기 때문에 비용함수가 보다 일반적이라고 하겠다. 인공지능 전문가들조차도 손실함수와 비용함수를 정확하게 구별해서 쓰지는 않지만 무엇이 손실함수이고 비용함수인지 정도는 알아두는 것이 좋다.

비용함수를 최소로 하는 파라미터를 찾자

이제 비용함수를 최소로 하는 파라미터(W_1, W_2)를 찾는 게 중요하다. 어떻게 찾을 것인가? 비용함수가 0이 되는 파라미터를 찾으면 제일 좋은데 그런 경우는 거의 없다. 어떻게 해서든지 W_1과 W_2의 최선의 조합을 찾아 실제 Y값과 비슷하게 만드는 함수 f(X)를 찾는 게 목표다. 그럼 비용함수를 최소로 하는 W_1과 W_2를 찾아보자. 이를 수식으로 표현하면 다음과 같다.

$$\min_{w_1, w_2} \sum_{i=1}^{n} \{Y_i - (w_1 X_{1i} + w_2 X_{2i})\}^2$$

$$\text{답} : \hat{w}_1, \hat{w}_2$$

$$\hat{f}(X) = \hat{w}_1 X_{1i} + \hat{w}_2 X_{2i}$$

실제 Y값과 f(X)값의 차이의 제곱의 합을 최소화하는 파라미터를 찾았으면, 그 답이 W_1과 W_2이다. 이처럼 주어진 X, Y 데이터를 이용해 모델을 찾고, 이 모델을 이용해 미래에 X_1, X_2가 입력되었을 때 Y를 예측하는 과정을 예측 모델링이라고 한다.

선형회귀 모델-아버지가 크면 아들도 클까?

이번에는 예측 및 분류 모델에 대해 살펴보자. X변수들의 선형 결합으로 함수식을 구성하면 다중선형회귀 모델이 된다. 선형회귀 모델을 처음으로 제안한 사람은 영국의 유전학자 프랜시스 골턴Francis Galton이다. 골턴은 아버지와 아들의 키 사이에 상관관계가 있는 데이터로부터 영감을 받아 이 모델을 만들었다. 아버지의 키가 크면 클수록 아들도 키가 크고, 아버지가 작은 경우에는 아들도 작다는, 부자 사이의 키에 선형 관계가 있음을 발견한 것이다. 이처럼 X와 Y의 관계를 선형식으로 표현하는 것을 선형회귀 모델이라 한다.

$$\min_{w_1, w_2} \sum_{i=1}^{n} \{Y_i - (w_1 X_{1i} + w_2 X_{2i})\}^2$$

$$\searrow f(X)$$

$$f(X) = w_0 + w_1 X_1 + w_2 X_2 \quad \text{다중선형회귀 모델}$$

하지만 보다 정확하게 Y는 X만으로 설명할 수 없고 X로 설명할 수 없는 미지의 ε이 항상 있기 때문에, 선형회귀 모델은 입력변수 X와 출력변수 Y의 평균 간의 관계를 설명하는 선형식을 찾는 것으로 보아야 한다. 그것이 좀 더 정확한 선형회귀 모델에 대한 정의라고 할 수 있다.

그렇다면 아버지와 아들의 키의 예제에서는 아버지와 아들의 키의 평균, 이 사이의 직선을 찾는 것이 중요하다. 무수히 많은 직선의 후보들 중에서 하나의 직선, 즉 아버지의 키와 아들의 키를 가장 잘 설명하는 하나의 직선을 찾는 것이 선형회귀 모델의 궁극적인 목적이다.

의사결정나무 모델-하정우를 맞히는 아키네이터

$$\min_{w_1, w_2} \sum_{i=1}^{n} \{Y_i - (w_1 X_{1i} + w_2 X_{2i})\}^2$$

$$\searrow f(X)$$

$$f(X) = \sum_{i=1}^{n} k(m) I\{(X_1, X_2) \in R_m\} \quad \text{의사결정나무 모델}$$

의사결정나무 모델은 스무고개 놀이와 비슷하다. 그래서 질문에는 원칙적으로 '예' 혹은 '아니요'로만 대답해야 하는 규칙이 있으며 이는 아키네이터Akinator라는 게임과도 유사하다. 아키네이터는 연속적으로 질문을 함으로써 우리의 마음을 읽고 내가 생각하는 인물을 맞춘다. 예를 들어 유명 배우 하정우를 생각하고 아키네이터가 이를 맞추는지 확인하는 과정은 이렇다.

"배우 하정우는 여자입니까?" "아니요" "한국인입니까?" "예" "유튜브를 하나요?" "아니요" "연예인입니까?" "예" "가수입니까?" "아니요" "결혼을 했습니까?" "아니요" "이씨입니까?" "아니요" "배우입니까?" "네" "수학과 관련 있습니까?" "아니요" "영화 〈부산행〉에 출연했습니까?" "아니요" "아버지가 배우입니까?" "예" "영화 〈신과 함께〉에 출연했나요?" "네" "영화 〈국가대표〉에 나왔나요?" "네"

이런 식으로 하정우를 맞히게 된다는 것이다.

의사결정나무 모델 알고리즘의 핵심은 데이터가 균일해지는 방향으로 지속적으로 세분화하는 것이다. 수치예측의 경우, 비슷한 Y 수치를 갖는 관측치들끼리 모으며, 분류의 경우 Y 범주가 같은 관측치끼리 모으는 것이다. 구축된 모델은 나무를 거꾸로 세워놓은 듯한 형태로 시각화할 수 있는데 맨 위에 뿌리 마디가 있고 중간 마디와 끝마디로 구성되어 있다. 즉 의사결정나무 모델은 이러한 마디들의 연결로 X와 Y의 관계를 표현한다.

점점 복잡해지는 모델들

$$\min_{w_1, w_2} \sum_{i=1}^{n} \{Y_i - (w_1 X_{1i} + w_2 X_{2i})\}^2$$

$$f(X) = \frac{1}{1 + e^{-(w_0 + w_1 X_1 + w_2 X_2)}}$$ 로지스틱회귀 모델

$$f(X) = \frac{1}{1 + \exp\left(-\left(w_0 + w_1\left(\frac{1}{1 + e^{-(w_{01} + w_{11} X_1 + w_{21} X_2)}}\right) + w_2\left(\frac{1}{1 + e^{-(w_{02} + w_{12} X_1 + w_{22} X_2)}}\right)\right)\right)}$$

뉴럴네트워크 모델

Y값이 범주형인 데이터에 사용할 수 있는 모델로서 로지스틱 회귀 모델이 있다. 이는 출력변수 Y를 표현할 때 입력변수 X들의 비선형 결합으로 표현하는 형태이다. 새로운 관측치가 있을 때 이 관측치가 기존 범주 중 어디에 해당하는지 그 범주를 예측하는, 즉 분류 문제를 푸는 모델이라고 보면 된다.

응용 예제는 상당히 방대하다. 제조업체에서 어떤 제품이 불량인지 양품인지, 고객이 이탈 고객인지 잔류 고객인지, 이메일이 스팸인지 정상 메일인지, 페이스북 피드에서 뭔가를 보이게

할지 숨길지 등 범주형적 의사결정을 하는 문제에서 로지스틱 회귀 모델을 사용할 수 있다.

뉴럴네트워크 모델은 최근 각광받고 있는 딥러닝 모델의 근간이 된다. 뉴럴네트워크 모델의 초창기 모델로는 1957년에 프랑크 로젠블라트Frank Rosenblatt가 제안한 단일 퍼셉트론Perceptron이라는 모델이 있다. 이 모델은 로지스틱 회귀 모델과 비슷한데 훨씬 더 간단하다. 입력값의 선형 결합값을 구하고 그 값이 0보다 큰지 아닌지를 가지고 분류하는 과정을 거치는 모델이 단일 퍼셉트론이다. 이후 단일 퍼셉트론은 2중 퍼셉트론으로 발전했는데 이는 입력과 출력 사이에 은닉층이라고 부르는 하나의 층을 더 갖는다. 2중 퍼셉트론부터는 이를 뉴럴네트워크 모델이라고 부른다.

선형회귀 모델은 X변수들의 선형 결합이고, 로지스틱 회귀 모델은 X들의 선형 결합을 한 번 더 로지스틱 함수로 비선형 변환을 한 모델이다. 뉴럴네트워크 모델은 은닉층이 하나 이상 있으니 선형 결합의 결과를 로지스틱 변환을 하고 그 결과를 다시 한 번 더 로지스틱으로 변환한 것이다. 즉 뉴럴네트워크는 로지스틱 모델을 여러 번 결합한 모델이라고 볼 수 있다. 확실히 X들의 결합 형태에 따라서 모델의 종류가 달라지는데, 모델의 종류가 달라지면 그 안에 들어 있는 파라미터의 종류도 달라지고 파라미터의 개수도 달라진다.

모델링 요약-모델에 생기를 불어넣는 '파라미터'

데이터 분석 과제를 수행할 때 가장 먼저 해야 할 일은 모델을 결정하는 것이다. 가령 모델 중에서 다중선형회귀 모델을 사용하기로 결정했다고 하자. 그다음에 해야 할 일은 무엇일까?

파라미터를 찾는 것이다. 이때 다중선형회귀 모델에서 파라미터를 찾는 알고리즘을 최소 제곱 추정 알고리즘(least square estimation algorithm)이라고 한다. 로지스틱회귀 모델을 사용하기로 결정했다면 켤레 기울기 알고리즘(conjugate gradient algorithm)을 이용해 파라미터를 찾게 된다. 뉴럴네트워크 모델의 경우, 고려하는 노드(네트워크에서 연결 포인트)와 층의 개수에 따라 파라미터 수는 많아질 수 있다. 뉴럴네트워크 모델에서 파라미터를 결정하는 알고리즘은 오류 역전파 알고리즘(error backpropagation algorithm)이다.

전체적으로 모델링을 요약해보자. 첫 번째는 Y를 표현하기 위한 X들의 조합 방식을 결정하는 것이다. 그다음 모델을 구성하는 파라미터를 찾는다. 모델 결정은 단순히 대강의 구조만 결정하는 것이고, 이에 생기를 불어넣는 것이 바로 파라미터를 찾는 일이다. 모델의 구조를 결정하고 파라미터를 추정하는 과정을 총칭해 머신러닝, 인공지능에서는 '모델링' 혹은 '학습(learning)'이라고 부른다.

무한한 가능성의 인공지능

예측 모델, 기계학습, 인공지능, 데이터 마이닝을 공부하다보면 상이한 용어가 많이 등장하는데 이들 용어를 정확하게 구별하기보다는 그 용어 안에 들어 있는 핵심을 파악하는 것이 중요하다.

머신러닝은 머신machine과 러닝learning이라는 두 개 단어가 결합된 단어다. 'machine'은 기계이고 'learning'은 '배운다'라는 능동사다. '기계가 배운다', '스스로 배운다'는 의미인데 어떻게 기계가 스스로 배울 수 있을까?

사실 기계는 스스로 학습하는 것이 불가능하다. 설령 기계가 스스로 배울지라도 인간이 배우라고 지침을 내렸기 때문에 가능한 것이다. 인간처럼 자유의지를 가지고 스스로 배우는 인공지능은 현재 존재하지 않는다. 혹 몇백 년 후에는 자유의지가 탑재된 인공지능이 생겨날 수 있을까. 따라서 현재 머신러닝의 보다 정확한 표현은 'machine learned'가 될 것이다. '기계가 학습, 배움을 당한다'는 의미가 더욱 명확하다. 이때 배움은 컴퓨터 언어를 통해서 받는다.

궁극적으로 특정 문제를 해결하기 위한 알고리즘을 구동하기 위해서인데, 이 알고리즘은 사람이 만드는 것이다. 즉, 머신러닝은 인간이 개발한 알고리즘을 컴퓨터 언어를 통해 기계에게 학습시키는 일련의 행위를 일컫는다. 여기서 핵심은 알고리즘이며, 그 핵심은 기계가 개발하는 게 아니라 인간이 개발한다는 것에 있다.

인공지능은 머신러닝이 실체화된 것

알고리즘은 문제를 해결하기 위한 방법들의 체계적인 집합이다. 풀고자 하는 문제가 있는데 그 문제를 해결하기 위해서는 스텝 1, 스텝 2 하는 식의 단계가 있다고 하자. 그러한 것들을 잘 모아놓은 것이 바로 알고리즘이다.

알고리즘을 인간이 개발한다고 했지만 정작 인간은 자신이 개발한 알고리즘을 실제로 구현해내지 못한다. 일단 인간은 단순한 반복 연산을 하는 능력이 매우 떨어지기 때문에 아무리 유능한 알고리즘을 개발한다 하더라도 그것을 실제로 구현하기란 불가능하다. 따라서 단순한 연산에 특화된 컴퓨터의 도움을 받을 수밖에 없다.

컴퓨터는 인간과 같은 창의력이 없기 때문에 알고리즘 자체를 개발하지는 못한다. 하지만 인간이 알고리즘을 개발해놓으면 이를 뛰어나게 구현하는 능력을 가지고 있다. 물론 이를 위해서는 인간과 컴퓨터 사이에는 대화가 필요하다. 이때 인간과 컴퓨터가 소통할 수 있는 언어가 컴퓨터 언어다.

요즘 많이 쓰이는 컴퓨터 언어인 파이썬python, R, C++ 등을 통해 알고리즘을 잘 포장해서 컴퓨터에게 알려주면 컴퓨터는 인간이 개발한 알고리즘을 빠른 시간 내에 수행하게 된다. 이 일련의 과정이 머신러닝이고 예측 모델링이 되는 것이다. 그러면 인공지능은 무엇인가? 인공지능과 머신러닝을 굳이 구분한다면 인공지능은 머신러닝이 실체화된 것이라 하겠다. 바둑을 둘 수 있는 머신러닝 알고리즘이 컴퓨터 안에 들어가면 알파고 인공지능이 되는 것이고, 운전을 할 수 있는 기능이 있는 머신러닝 알고리즘이 자동차에 장착되면 인공지능 자율주행 자동차가 되는 식이다.

바둑의 귀재 알파고를 보자. 머신러닝은 X, Y가 주어졌을 때

X, Y의 관계를 잘 설명하는 모델을 찾는 것이다. 이때 X는 바둑 경기에 대한 과거 기록들이 디지털화된 기보(experience)이다. 그리고 Y는 어떠한 경우에 다음 수를 어떻게 둬야 하는지(next action to win the Go game)에 대한 것이다. 여기서 Go가 바둑이다. 이 X, Y 데이터를 이용해서 만든 알고리즘, f(X)가 컴퓨터에 들어간 것이 알파고다. 알파고는 바둑을 두는 컴퓨터인 셈이다.

또 다른 예로 자율주행차를 보자. 이때 X는 여러 가지 도로 상태 이미지이고, Y는 그 상태에 따라서 어떻게 운전을 해야 되는지에 대한 액션이다. 핸들과 브레이크 작동법, 기어 조절 등 여러 가지 운전 액션이 Y 데이터인데, X와 Y의 관계를 잘 설명할 수 있는 머신러닝 모델 f(X)를 찾는 것이 핵심이다. 이후 도로 이미지가 들어왔을 때 운전 조정을 할 수 있는 f(X)가 자동차에 입력된 것, 이것이 자율주행 자동차다.

병원에서 의사들은 X-ray 및 CT 등 여러 가지 이미지를 보고 환자의 병증을 판단한다. 이 또한 X, Y 데이터가 모두 디지털화 되어 있고 이 데이터를 이용해 만든 모델이 컴퓨터에 입력되면 소위 말하는 인공지능 닥터가 되는 것이다.

그렇다면 스마트 스피커에서 X는 무엇일까? 바로 대화 내용이 X에 해당한다. "오늘 날씨가 어때?"라고 물었을 때 친구라든지 가까운 사람이 "오늘 날씨 좋아" 하는 식으로 대답을 해줄 텐

데 이 모든 대화를 인공지능이 대체하는 것이다. 이때는 문맥을 잘 이해하고 질문에 대한 답을 찾아줘야 하며 이 기능을 스마트 스피커가 수행한다.

게임은 어떨까? 게임에서는 주어진 상황에서 궁극적으로 이 기기 위해서 사용자가 어떤 액션을 취해야 하는지가 주요 의사 결정의 문제이다. 이 경우 X는 주어진 게임 환경이고 Y는 플레이어가 취해야 할 액션으로 정의할 수 있다. 즉 X, Y 데이터를 이용해서 특정 상황에서는 어떻게 액션을 취해야 한다는 것을 학습시켜 컴퓨터에 입력하면 게임봇이라는 형태가 되는 것이다.

매출 예측 시스템sales forecasting system이라는 온라인에서 언급된 횟수들을 이용해서 특정한 상품이 얼마나 많이 팔릴지를 예측하는 인공지능 시스템도 있다. 요즘 부상하는 챗봇 시스템 역시 사람간의 대화 정보를 이용하여 인간과 인공지능 간의 대화를 가능케 하는 인공지능이다. 이처럼 X와 Y가 주어졌을 때 둘 사이의 관계를 잘 설명할 수 있는 모델을 적재적소에서 찾는다면 인공지능의 가능성은 무한하다고 볼 수 있다.

4부

데이터를 끼리끼리 뭉쳐 보는 군집분석의 힘

이성임

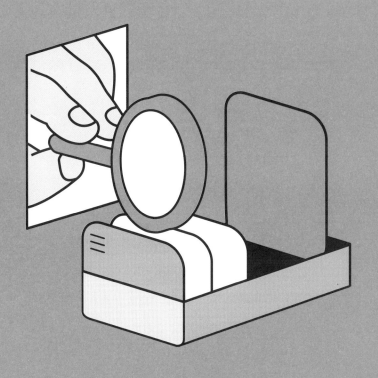

군집분석이란 데이터를 구성하는 개체 또는 개체의 특징으로부터 비슷한 개체끼리 또는 비슷한 특징끼리 묶는 분석 방법을 가리킨다. 따라서 군집분석을 성공적으로 실행하기 위해서는 개체 간 또는 개체별 특징 간에 비슷한 정도를 측정해야 하는데, 이를 유사도 similarity라고 한다. 이때 유사도는 데이터 형태가 연속형인지 혹은 범주형인지에 따라 다양한 방법으로 정의될 수 있다. 유사도가 높은 개체 또는 개체의 특징끼리 뭉친 군집은 전체 데이터의 특징을 요약해줄 뿐 아니라 의미 있는 정보를 전달해줄 수 있다.

데이터의 특징을 파악해야 하는 이유

데이터란 개체subject들의 특징을 모은 것이다. 이때 개체란 대부분의 경우 사물 또는 사람을 일컫는데, 흔히 첫 번째 관측치, 두 번째 관측치, … n번째 관측치로 부르기도 한다. 이처럼 데이터는 서로 다른 사물 또는 사람들의 특징을 나타낸다.

예를 들어 행정 구역을 개체로 가정해보자. 서울시는 25개 자치구와 424개의 행정동이 있다. 종로구의 경우 사직동, 삼청동, 부암동 등으로 구성되어 있다. 이들 동을 개체로 하여 각 동의 특징으로 인구 수, 가구 수, 전체 면적, 상업지구의 면적, 아파트 개수, 한강 근접성, 약수터 유무 등을 기록했다고 가정해보자. 이때의 데이터란 행정동의 특징을 모은 것이라 할 수 있다.

또 다른 예로 개체가 커피인 경우를 살펴보자. 개체는 원산지

	특징 1	특징 2	...	...	특징 p
개체 1					
개체 2					
⋮					
⋮					
⋮					
⋮					
개체 n					

데이터의 구조

에 따른 원두커피를 나타내고, 그 특징으로 원두의 모양, 카페인 함량, 단맛, 신맛, 김칠맛 정도 등을 관측할 수 있다. 이처럼 데이터는 서로 다른 n개체에 대하여 p개의 특징을 관측한 것이다. 여기서 '특징의 개수'는 '변수의 개수'라고 생각할 수 있고, 이를 수학적으로 표현하면 데이터는 n×p행렬이라 할 수 있다. 결국 데이터란 변수들의 모임이고, 변수란 개체들의 집합을 정의역으로 실수를 공역으로 각 개체에 대해 어떤 실수값을 대응한 것이다. 즉, 정의구역은 개체가 되고, 치역은 실수값으로 정의되는 함수이다.

3부에서 분류와 예측에 대해 다루었는데, 이들 데이터 마이닝 문제에서의 변수는 그 쓰임새에 따라 변수의 역할이 구분된다. 즉, 관심 있는 변수(목표변수, target variable)와 관심 있는 변수를 설명해주는 변수(설명변수, explanatory variable)가 있다. 데이터 분석에서는

목표변수를 반응 또는 종속변수dependent variable라 부르고, 설명변수
는 독립변수independent variable라고 부르기도 한다. 하지만, 여기서 설
명하는 군집분석은 변수들 간의 역할 구분이 없고, 모두 반응변
수라고 가정한다. 목표변수가 있는 경우에는 분석의 목적이 목
표변수의 값을 잘 예측하는 모형을 찾는 것이다. 그런데 목표변
수가 없는 경우에는 분석의 목적이 무엇이 될까?

　목표변수가 없는 데이터 분석법을 비지도 학습unsupervised learning
이라 부르는데, 이 경우에는 데이터 자체에 흥미로운 사실이 있
는지 살펴보는 것이 중요하다. 목표변수가 있는 데이터와는 달
리 질문이 어렵게 느껴질 수도 있지만, 분석의 입장에서 보면 개
체 또는 그 특징을 비슷한 것까지 묶어오는 일이다.

　예를 들어, 개체는 백화점의 고객이고, 특징으로 화장품, 의
류, 구두, 스포츠용품, 식품관 등에서의 거래금액이 있는 고객
데이터가 있다고 하자. 이들 데이터를 바탕으로 고객의 소비성
향이 유사한 고객끼리 뭉쳐 그룹 또는 군집을 형성하도록 세분
화할 수 있다. 그 결과 백화점을 이용하는 고객의 성향을 좀 더
잘 이해할 수 있게 되고, 이를 바탕으로 맞춤형 마케팅 등을 제
공할 수 있게 된다. 또 다른 예로 개체는 특정 질병에 걸린 환자
이고 그 특징으로 마이크로어레이 분석microarray analysis을 통해 유
전체 정보가 있다고 할 때, 비슷한 반응을 보이는 유전자 정보를

묶어 유전자 그룹을 형성할 수도 있다. 이를 통해 특정 질병과 관련 있는 유전자가 무엇인지 혹은 같은 질병 내에서도 그 양상이 다른 좀 더 세분화된 질병이 무엇인지 연구할 수 있게 된다. 데이터에서 특징은 n차원 벡터(n차원의 의미 있는 수치)로 각 데이터 간 유사성을 찾는 것이다. 그러므로 주어진 데이터에 대하여 행 또는 열별로 비슷한 것을 찾아보는 것이 군집분석의 목표라 할 수 있다.

끼리끼리 친구 찾기 '군집분석'

군집cluster의 사전적 의미는 '사람이나 건물 따위가 한 곳에 모인 것'이다. 데이터 마이닝에서 군집이란 이 사전적 의미에 한 가지를 더해야 하는데, 그 특징이 비슷한 것끼리 묶는 것을 일컫는다. 정부에서 정책을 발표할 때 'ㅇㅇ지역에 산학연 클러스터를 구축한다'라는 표현을 많이 쓰고 있다. 이것은 ㅇㅇ지역에서 비슷한 분야에 관심이 있는 산업체, 학교, 연구소를 구축한다는 의미로, 군집 또는 클러스터란 우리에게 더 이상 낯선 단어가 아니다. 그렇다면 군집화clustering는 무엇인가? 군집화는 주어진 데이터로부터 서로 유사한 개체끼리 또는 특징끼리 묶어 전체를 몇 개의 비슷한 그룹으로 묶는 것을 나타낸다. 이와 같은 방법으

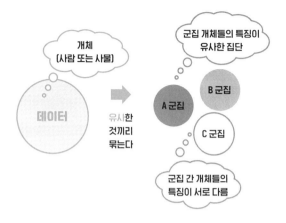

데이터의 특징을 끼리끼리 묶어 파악하는 군집분석

로 군집을 찾는 것을 군집분석cluster analysis이라고 한다.

군집분석의 결과는 다양한 분야에서 살펴볼 수 있다. 먼저 화학 분야에서 멘델레예프Mendeleev의 주기율표를 생각해보자. 이때 데이터란 n개의 서로 다른 원소이고, p개의 변수는 원소의 특징이 된다. 이들로부터 화학적 성질이 비슷한 것끼리 묶은 결과가 주기율표이다. 군집의 개념이 잘 설명된 대표적인 예라고 볼 수 있다. 다른 예시로는 동물의 분류를 고려해보자. 이 경우에는 데이터가 무엇이 될까? 개체는 동물이고, 변수는 피부 특징이라든가 심장 형태, 발의 개수 등으로 동물의 특징을 나타낸다. 이 데이터를 기본으로 우리는 비슷한 동물끼리 묶어볼 수 있으며 그 결과 포유류, 양서류, 조류 등의 군집을 만들 수 있다. 이러한 예는 개체의 특징이 비슷한 것끼리 묶어 군집화한 결과로 군집이 명확하다. 그러나 주기율표나 동물 분류는 각각 어떤 특징에 의해 분류되는지 잘 알려져 있기 때문에, 실질적으로 군집분석이 활용되는 예는 아니다. 다만 여기서 한 가지 생각해볼 문제는 화학자 또는 생물학자가 아니어도 이 같은 데이터가 주어진다면 데이터 분석가도 군집분석을 통해 특징이 비슷한 그룹을 찾을 수 있다는 것이다.

또 다른 군집분석의 흥미로운 예시로 미군의 여군 군복 크기 결정 문제를 살펴보도록 하자.[1] 보통 군복은 치수가 커지면 모든 부분의 치수가 커진다. 하지만 1990년대 코넬 대학교의 애쉬다 운Ashdown 교수는 여군의 군복을 제작할 때, 좀 더 신체 유형에 맞는 의류 사이즈를 알아보기로 했다. 이를 위해 그는 3000명의 여성으로부터 목둘레, 가슴둘레, 팔 길이, 신장 등 100개 이상의 신체 특징을 측정한 데이터로부터 군집분석을 실시했다고 한다. 군복 크기를 결정하는 문제에 군집분석을 활용한 것이다. 우리나라에서도 산업통상자원부 국가기술표준원에서는 한국인 인

1 Linoff, G.S. and Berry, M.J.A, *Data mining techniques for marketing, sales and customer relationship management*, 3rd Ed., Wiley, 2011
국내에는 『경영을 위한 데이터마이닝』으로 출간되었다.

체표준 정보 DB를 구축하여 패션 의류 산업, 신발 제화 산업 등에서 제품 설계에 다양하게 활용하고 있다.[2] 패션 의류의 경우 이러한 군집분석을 통하여 한국인에 맞춤한 기성복 크기를 좀 더 섬세하게 결정하는 일이 매우 의미 있을 것이다.

---

2   한국인 인체치수조사 https://sizekorea.kr

군집분석, 어디에 어떻게 쓰일 것인가

군집분석은 금융 시장에도 적용되어 균형 포트폴리오 작성에 도움을 준다. 포트폴리오 작성에서 데이터는 개체가 기업이고, 특징은 주가, 주식 거래량, 매출액 등이 될 수 있다. 특징이 비슷한 기업끼리 묶어보면, 그 특징에 따라 우량기업과 고평가된 기업, 그리고 저평가된 기업 등으로 세분화할 수 있다. 일반적으로 주식 투자에서는 투자효율을 높이기 위해 우량기업에만 투자하지 않고, 다양한 기업에 대해 일정한 비율로 투자함으로써 투자의 위험을 분산한다. 이러한 전략을 세우는 데 군집분석이 활용될 수 있다.

고객을 객체로 고객의 소비성향을 기록한 데이터는 군집분석을 통해 고객을 세분화한다. 이 방법으로 유명해진 기업이 바로 닐슨 컴퍼니The Nielsen Company이다. 우리나라에서는 보통 시청률을 조사하는 회사로 친숙하지만 닐슨 컴퍼니는 마케팅에 주력하는 글로벌 기업이다. 이 회사는 클라리타스Claritas라는 스타트업 규모의 회사를 합병했었는데, 이때 클라리타스가 가지고 있었던 가치가 바로 군집분석을 통해 고객을 세분화한 능력이다. 닐슨사는 개체를 우편번호로 하고, 각 지역별로 거주자들의 소비성향과 인구학적인 정보를 특징으로 한 데이터로부터 40개의 군집을 찾았다. 이를테면 군집별로 모피 같은 비싼 물건을 구매하는 경향이 있는 거주지, 비싼 물건을 구매하지 않는 거주지 등의 군집을 만들어 전 지역의 라이프 스타일을 세분화하여 나타냈다. 이는 임의의 제품에 대하여 잠재적인 고객을 대상으로 효과적인 마케팅을 할 수 있는 기초 자료를 제공한다.

기업 입장에서는 새로운 제품을 출시했을 때 가능한 한 그 제품을 구매할 가능성이 높은 소비자에게 더욱 적극적으로 홍보하고 싶을 것이다. 예를 들어 휴대폰을 통해 새로운 전기자동차를 홍보하는 경우를 생각해보자. 우리나라에서는 이미 전 국민의 99%가 휴대폰을 소유하고 있으니, 휴대폰이라는 매체를 통한 홍보는 타당해 보인다. 하지만 자동차 구매력이 없는 사람들에게까지는 홍보를 할 필요가 없다. 따라서 신차에 관심 있는 구매층에게만 홍보할 수 있다면 홍보비용도 절약할 수 있고, 판매 가능성도 높일 수 있다. 이처럼 소비성향이 비슷한 고객으로 전체 고객을 세분화할 수 있다면, 마케팅에 있어 투자 대비 수익률이 높을 것이다. 이는 군집분석이 잘 활용된 예라고 할 수 있다.

유사하고 다름이 명확해야 '잘된 군집'

이번에는 DNA 마이크로어레이 데이터를 살펴보자. 마이크로어레이란 염기서열을 알고 있는 DNA 분자를 고밀도로 배열하여 유전자의 발현 정도를 연구하기 위해 개발된 것으로, 흔히 서로 다른 조직이나 조건에서 다르게 발현되는 유전자를 찾는 데 활용된다. 유전자 군집을 예시로 살펴보자. 급성백혈병은 크게 급성 림프모구 백혈병ALL과 급성 골수성 백혈병AML으로 나누어진다. 예시 이미지는 35개 유전자에 대하여 급성 림프모구 백혈병과 급성 골수성 백혈병 샘플을 통해 각 유전자가 발현되는 정도를 색깔로 표시한 데이터이다.[3] 각 질병에 비슷하게 발현하는 정도가 같은 유전자 군집을 찾는 것은 매우 중요한 의미가 있다.

데이터의 행 방향을 살펴보면 백혈병 종류와 상관없이 발현

---

3 Sorin Drăghici, *Statistics and data analysis for microarrays using R and Bioconductor*, 2nd Ed. Chapman & Hall/CRC, 2012, p580

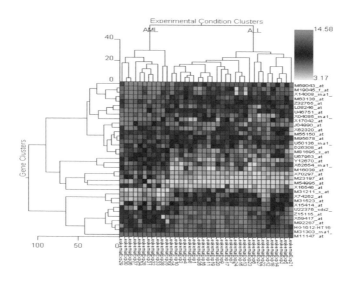

백혈병 환자의 유전자 발현 정도를 나타내는 마이크로어레이 데이터

정도가 비슷한 유전자를 묶은 나뭇가지 모양의 그래프가 있는데 이를 군집나무cluster tree 또는 덴드로그램dendrogram이라고 한다. 또 열 방향으로도 모든 유전자에 대한 반응 정도가 비슷한 샘플들을 모아 군집을 형성했는데, 급성 골수성 백혈병 샘플은 급성 골수성 백혈병끼리, 급성 림프모구 백혈병 샘플은 급성 림프모구 백혈병끼리 묶인 것을 알 수 있다.

앞서 본 군집분석의 활용 예제를 생각해볼 때, 데이터의 특징은 목표변수가 없는 변수들의 모임이라는 것을 떠올릴 수 있다.

이러한 데이터를 다변량 데이터multivariate data라고 부른다. 일반적으로 데이터는 모두 숫자로 이루어져 있다. 물론 성별이나 국적 등과 같이 문자형 변수도 있을 수 있지만, 분석을 위해서는 모두 숫자로 코딩되어 사용되기 때문에 데이터는 숫자로 이루어진다고 할 수 있다. 그런데 최근의 빅데이터는 숫자로 표현되는 것 이외에도 텍스트나 이미지 또는 동영상으로 이루어진 데이터를 모두 포함한다.

텍스트 데이터도 개체와 특징으로 이루어져 있을까? 개체는 서로 다른 문서가 될 수 있고, 특징은 문서에 대한 적절한 전처리 후에 얻어질 수 있는데, 문서의 내용을 나타내는 주요 단어들이 될 수 있다. 즉, 데이터는 문서에 나타난 주요 단어들에 대한 출현 횟수 또는 여부 등으로 구성된다. 따라서 비슷한 종류의 문서끼리 묶어본다는 의미의 대표적 예로 일반적인 웹사이트에서 흔히 볼 수 있는 '자주 묻는 질문FAQ'을 떠올릴 수 있다. 소비자의 다양한 질문을 분석하여 비슷한 질문끼리 묶어보면 그 결과로 FAQ가 생성될 수 있는 것이다. 서로 다른 이미지나 동영상의 경우도 마찬가지이다. 다만 이러한 종류의 데이터에 대한 군집 분석을 위해서는 우리가 이해할 수 있는 행렬의 데이터로 변환하는 전처리가 매우 중요한 단계가 된다.

지금까지 하나의 개체를 하나의 군집으로 보고 유사한 것끼리 묶어 큰 군집을 찾는 직관적인 방법을 소개했다. 이를 계층적 군집 방법hierachical clustering method이라고 하는데 개체란 데이터가 수집된 분야에 따라 매우 다양함을 알 수 있다. 대부분은 '사물'과 '사람'으로 나눌 수 있다. 즉, 화학 원소의 경우 사물이 될 것이고, 군복의 경우는 사람이 될 것이다. 이들 개체의 특징이 데이터가 된다. 그 특징을 가지고 비슷한 것끼리 묶으면 유사한 개체의 군집이 완성되는 것이다. 이때, 각 군집 간의 특징은 서로 구별이 되어야 한다. 하나로 묶인 군집 내에서는 특징이 비슷하게 나타나고, 서로 다른 군집에서는 개체의 특징이 다르게 발현되어야 군집화를 잘한 것이 된다.

데이터 간 거리를 읽으면 결과가 명확해진다

계층적 군집 방법의 핵심은 비슷한 개체 또는 비슷한 특징을 나타내는 데이터를 계속해서 결합하는 것이다. 이때 서로 다른 개체 또는 특징 간 비슷한 정도를 유사도similarity라고 하며, 이를 측정하는 것이 중요하다. 유사도는 어떻게 측정할 수 있을까? 다음의 예를 통해 구체적으로 살펴보자.

[도식 1]은 데이터 마이닝 캠프에 참여한 학생들을 대상으로 음악에 대한 선호도를 조사한 데이터이다. 학생들에게 p개의 고전음악을 들려주고, 음악에 대한 평점을 10점 만점을 기준으로 작성하도록 했다. 이렇게 수집한 데이터 [도식 1]을 바탕으로 두 학생(모차르트와 베토벤)의 유사도를 살펴보자.

M1에 대한 평점만 고려한다면 모차르트가 9점, 베토벤이 8점

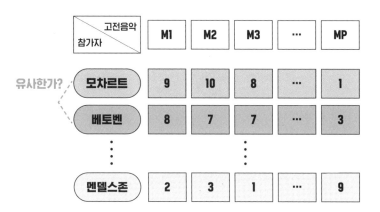

[도식 1] n명의 캠프 참가자를 대상으로 p개의 고전음악을 들려준 후, 평점을 10점 만점으로 표시한
데이터

으로 두 평점의 차이가 1점밖에 나지 않아, M1에 대한 선호도가
유사한 것을 직관적으로 파악할 수 있다. 그런데 만약 한 곡이
아니라 10곡 또는 100곡을 여러 명에게 들려주었다면, 학생들
의 선호도가 유사하다는 것을 어떻게 판단할 수 있을까? n명의
학생에게 p개의 곡을 들려주고 학생 간 유사도를 측정하려면 구
체적이고 객관적인 측정 방법이 필요하다. 이를 이해하기 위해
p=3이고, n=23인 경우를 시각화한 그래프를 먼저 살펴보자. [도
식 2]는 23명의 학생이 M1, M2, M3 음악에 매긴 평점을 그래프
위에 점으로 표현한 것이다.

점과 점이 가까울수록 세 음악에 대한 학생들의 선호도가 유

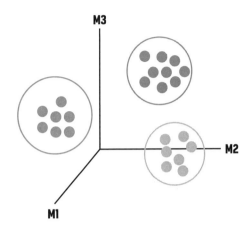

[도식 2] n=23, p=3일 때 [도식 1] 데이터의 시각화

사하고, 멀수록 선호도가 다르다는 것을 직관적으로 이해할 수 있다. 따라서 유사도는 점(관측치)과 점 사이의 '거리'로 정의할 수 있다. 일반적으로 p차원의 두 관측벡터 $x = (x_1, x_2, \cdots, x_p)$와 $y = (x_1, x_2, \cdots, x_p)$에 대한 거리는 실수값 함수로 다음 세 조건을 만족하는 모든 $d(x, y)$는 거리함수가 된다.

조건 1. $d(x, y) \geq 0$로 두 관측벡터 사이의 거리는 양수이고, $d(x, y) = 0$의 필요충분조건은 $x = y$로 자기 자신과의 거리는 0을 만족해야 한다.

조건 2. $d(x, y) = d(y, x)$로 대칭성이 만족돼야 한다.

164

조건 3. $d(x, y) \leqq d(x, z) + d(z, y)$로 삼각부등식이 성립해야 한다

가장 대표적으로 사용되는 거리는 유클리드 거리인데, p차원의 두 벡터에 대한 유클리드 거리는 아래와 같이 정의한다.

$$d(x, y)_E = \sqrt{(x_1-y_1)^2+(x_2-y_2)^2+\cdots+(x_p-y_p)^2}$$

이 거리는 두 벡터 사이의 직선거리이다. p=2일 때를 살펴보면 [도식 3]과 같이 피타고라스 정리를 이용하여 나타낼 수 있다.

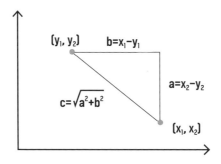

[도식 3] 유클리드 거리: p=2일 때 d(x,y)ᴇ는 빗변의 길이로 피타고라스 정리로부터 계산된다.

또 다른 거리로 맨해튼 거리가 있는데, p차원의 두 벡터에 대한 거리를 아래와 같이 정의한다.

$$d(x, y)_M = |x_1 - y_1| + |x_2 - y_2| + \cdots + |x_P - y_P|$$

맨해튼 거리는 이름에서 알 수 있듯이 뉴욕의 유명한 자치구 이름에서 유래한다. [도식 4]와 같이 빌딩이 빽빽이 들어서 있는 맨해튼에서는 직선거리(유클리드 거리)로 이동하지 못하기 때문에 축의 방향을 따라 이동하는 거리가 두 점 사이의 거리가 된다.

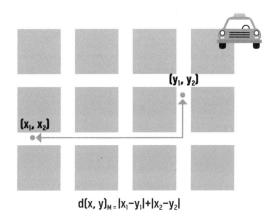

$$d(x, y)_M = |x_1 - y_1| + |x_2 - y_2|$$

[도식 4] 맨해튼 거리: 두 지점간의 거리를 직선거리 대신 축의 방향으로 이동한 거리로 측정한다.

이 밖에도 다양한 거리함수가 가능하며, 거리함수의 선택에 따라 계층적 군집분석의 결과가 달라질 수 있다. 따라서 효율적인 유사도 측정과 군집분석을 위해서는 각 데이터의 특징에 알맞은 거리함수를 선택하는 것이 중요하다. 이번에는 [도식 1]과 같이 연속형 데이터가 아닌 [도식 5]과 같은 범주형 데이터에 대한 거리를 살펴보도록 하자.

앞서 음악 선호도 조사 예시로 돌아가, 학생들이 [도식 1]과 같이 0부터 10점까지의 평점이 아니라 [도식 5]와 같이 1(좋음) 또는 0(싫음)으로만 써넣었다고 가정하자.

이 경우 모차르트와 베토벤의 유사도는 어떻게 측정할 수 있을까? 먼저 p개의 음악에 대한 두 사람의 반응을 정리하면, [도식 6]과 같이 네 가지 경우로 요약된다.

p개의 음악 중 모차르트와 베토벤이 함께 좋아한 음악은 d개, 호불호가 엇갈린 음악은 (b+c)개, 함께 싫어한 음악은 a개다. p개의 음악 중 (a+d)개에 대해 의견이 일치하여 유사도는 (a+d)/p로 정의할 수 있고, 이를 매칭 계수matching coefficient라고 부른다. 그런데 두 사람이 모두 싫어한 음악이 음악적 취향이 비슷한지에 대한 정보를 제공할 수 없다면 이들 음악을 제외한 나머지로부터 유사도를 계산할 수 있고, 유사도는 d/(b+c+d)로 정의할 수 있다. 이를 자카드 계수jaquard's coefficient라고 한다. 자카드 계수가 유용하게 활용되는 한 예로 소비자의 구매 패턴을 알기 위해 다양한 상품의 구매 여부를 조사한 데이터를 생각해볼 수 있다. 요트의 구매 여부를 조사했을 때 두 소비자가 모두 '예'라고 답한 경우에는 두 소비자의 구매 패턴이 비슷하다는 증거가 될 수 있지만, '아

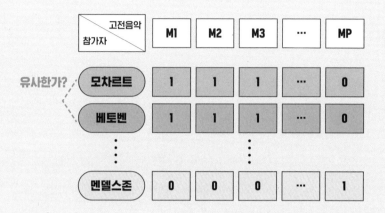

[도식 5] n명의 캠프 참가자를 대상으로 p개의 음악을 들려준 후, 평점을 1(좋음) 또는 0(싫음)으로 표시한 데이터

		베토벤		합
		0 (싫음)	1 (좋음)	
모차르트	0 (싫음)	a	b	a+b
	1 (좋음)	c	d	c+d
합		a+c	b+d	p

[도식 6] p개의 음악에 대한 모차르트와 베토벤의 평점 결과를 2X2 분할표로 요약

니오'로 일치하는 경우에는 두 소비자의 구매 패턴에 대한 정보가 없다고 판단하는 것이 더 적절하다. 즉, 매칭 계수보다는 자카드 계수로 유사도를 구하는 것이 바람직하다.

매칭 계수나 자카드 계수는 0과 1 사이의 값으로 값이 클수록 유사한 것을 나타내므로, 거리는 '1 빼기 매칭 계수' 또는 '1 빼기 자카드 계수'로 정의할 수 있다.

군집 간 거리

앞서 소개한 것처럼 데이터의 특성에 따라 적절한 거리함수를 선택한 후에는 [도식 7]과 같이 개체 간의 거리를 구할 수 있다. 예를 들어 n=6인 경우를 살펴보자. [도식 7]과 같이 여섯 명(모차르트, 베토벤, 바흐, 헨델, 브람스, 멘델스존)에 대한 개체 간 거리는 행과 열이 만나는 곳에서 거리를 생각할 수가 있다. 같은 학생에 대해서는 즉 i=j이면 d(i, j)=0으로 [도식 7]의 대각원소의 값은 0이 된다. i≠j일 때, d(i, j)는 거리의 정의에 따라 계산할 수 있고 d(i, j)=d(i, j)가 성립하기 때문에, 개체 간 거리는 대각행렬의 위 또는 아래만 보면 충분하다.

[도식 7]의 거리행렬로부터 모차르트와 베토벤의 거리가 가장 가까워 군집을 형성한 경우를 가정해보자. 이후 비슷한 사람

끼리 묶기 위해서는 다시 거리를 계산해야 하는데, 이번에는 개체 간 거리뿐 아니라 군집 간 거리를 계산해야 한다. [도식 8]을 살펴보면 모차르트와 베토벤이 하나의 그룹으로 묶인 군집을 형성하고 있어, 개체가 두 개 있는 군집과 개체가 한 개 있는 군집 간 거리를 정의하는 것이 필요하다.

군집 간 거리는 각 군집 내 개체들 사이의 모든 거리로부터 구할 수 있고, 이 또한 다양한 방법이 존재한다. 구체적으로 {모차르트, 베토벤}으로 이루어진 군집과 {바흐}로만 이루어진 군집의 거리를 측정해보자. 이를 위해서는 [도식 9]와 같이 모차르트와 바흐의 거리 d{모차르트, 바흐}, 베토벤과 바흐의 거리 d{베토벤, 바흐}를 계산할 필요가 있다. 이들 두 거리 중 최솟값, 최댓값, 또는 둘의 평균값 등을 군집 간 거리로 정의하고, 각각 단일 연결법single linkage method, 완전 연결법complete linkage method, 평균 연결법average linkage method이라 부른다.

계층적 군집분석을 하기 위해서는 개체 간 거리와 군집 간 거리를 구하는 연결 방법 등을 모두 정해야 한다. 그 후 개체를 비슷한 것끼리 묶어나가면서 군집을 형성할 수 있는데, 이 과정은 [도식 10]처럼 나무 형식의 그림으로 나타낼 수 있다. 이 그림을 나무 도표tree chart또는 덴드로그램dendrogram이라 한다.

덴드로그램에서 x축은 개체(잎), y축은 개체 또는 군집이 결합

	모차르트	베토벤	바흐	헨델	브람스	멘델스존
모차르트	0					
베토벤	d[2, 1]	0				
바흐	d[3, 1]	d[2, 3]	0			
헨델	d[4, 1]	d[2, 4]	d[3, 4]	0		
브람스	d[5, 1]	d[2, 5]	d[3, 5]	d[4, 5]	0	
멘델스존	d[6, 1]	d[2, 6]	d[3, 6]	d[4, 6]	d[5, 6]	0

[도식 7] 개체 간 거리행렬 d(i, j)

	[모차르트, 베토벤]	바흐	헨델	브람스	멘델스존
[모차르트, 베토벤]	0				
바흐	d[{1, 2}, 3]	0			
헨델	d[{1, 2}, 4]	d[3, 4]	0		
브람스	d[{1, 2}, 5]	d[3, 5]	d[4, 5]	0	
멘델스존	d[{1, 2}, 6]	d[3, 6]	d[4, 6]	d[5, 6]	0

군집 간 거리

[도식 8] 군집 간 거리행렬

했을 때의 거리에 해당한다. y축을 따라 올라가면서 나뭇가지가 합쳐지는 형태가 나타난다. 처음 형성되는 군집(그림의 아랫부분)은 서로 유사한 개체들이 결합된 반면, 나중에 형성되는 군집(그림의 윗부분)은 비교적 상당한 차이가 나는 개체들이 결합된 것이라 해석할 수 있다. [도식 10]에서 알 수 있는 것은 모차르트와 베토벤, 브람스와 멘델스존, 바흐와 헨델 순으로 음악에 대한 평점이 비슷하다는 것과 가장 윗부분에서 결합한 군집 {브람스, 멘델스존, 모차르트, 베토벤}과 군집 {바흐, 헨델} 간의 거리가 가장 멀다는 것이다.

이와 같이 각 개체(작은 군집)에서 가장 가까운 개체 또는 군집을 합하면서 전 개체가 하나가 되는 군집(커다란 군집)을 형성하는 것을 '응집적 계층 군집분석agglomerative hierarchical clustering'이라고 한다. 이 방법은 밑에서부터 나뭇가지가 자라나는 방식이라고 해서 상향식 접근법bottom-up approach이라고도 한다. 군집을 형성하는 가장 기본적인 아이디어 중 하나라고 할 수 있다.

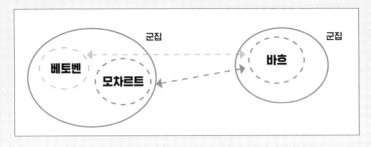

[도식 9] 군집 간 거리: 군집 간 개체들 간의 거리로부터 결정된다.

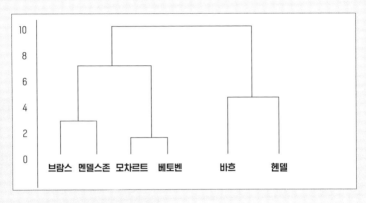

[도식 10] 계층적 군집분석 결과: 덴드로그램

중요한 의사결정일수록
반복적으로 분석하라

이제 덴드로그램으로부터 군집을 결정하는 문제를 생각해보자. [도식 11]과 [도식 12]는 각각 [도식 10]의 덴드로그램으로부터 $y=8$과 $y=6$에서 수평으로 선을 그은 것이다. 수평 선 아래 나뭇가지는 같은 군집으로 해석할 수 있는데, [도식 11]에서는 두 개의 군집, [도식 12]는 세 개의 군집이 있다고 해석할 수 있다.

한편 [도식 10]의 덴드로그램을 $y=10$에서 절단하면 군집은 하나가 되며, 반대로 $y=0$에서 절단하면 군집은 총 여섯 개(즉, 전체 개체의 수)가 된다. 이는 y가 클수록 군집 간 거리가 멀어져 개체 간 유사성이 낮아지고, y가 작을수록 군집의 수가 늘어나 군집화의 의미가 없음을 보여준다. 따라서 군집이 알맞게 구별될 수 있는 적절한 높이를 선택하는 것이 중요하다.

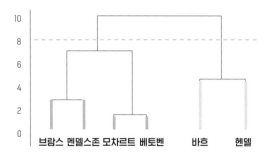

[도식 11] 군집의 수가 두 개인 경우

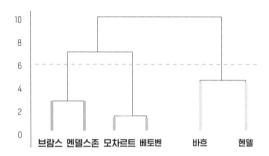

[도식 12] 군집의 수가 세 개인 경우

그렇다면 군집분석의 결과로부터 우리는 항상 의미 있는 군집을 구할 수 있는 것일까? 어떤 경우에 의미 있는 결과를 얻을 수 있을까? 지금까지 소개한 계층적 군집분석을 살펴보면, 데이터의 특성에 알맞게 개체 간 '거리'와 연결 방법을 선택해야 하고, 올바른 군집을 선택하기 위해 덴드로그램에서 적당한 높이를 찾아야 한다. 바꾸어 말하면, 이들의 선택에 따라 군집분석의 결과는 크게 달라질 수 있다.

특히, 거리에 기초하여 개체의 유사성을 정의하는 경우에는 일반적으로 산포가 큰 변수가 산포가 작은 변수보다 거리에 큰 영향을 주는 것에 유의해야 한다. 예를 들어, mg으로 측정된 변수는 g 또는 kg으로 측정된 변수보다 산포가 크기 때문에, 거리를 계산할 때 상대적으로 큰 영향을 미치게 되어 산포가 큰 변수의 측정값이 비슷한 관측치끼리 뭉치는 결과가 나타날 수 있다. 따라서 분석하고자 하는 변수들의 단위가 일정하지 않은 경우에는 분석 전에 데이터를 표준화하는 작업이 요구되기도 한다.

이와 같이 군집분석 결과는 우리의 다양한 선택으로 달라질 수 있으며, 한 번의 분석으로 그 결과를 해석하기보다는 다양한 선택에 따른 결과를 비교하고 해석을 고민할 필요가 있다. 만약 공통적으로 여러 번의 분석에서 하나의 군집으로 묶이는 개체들이 있다면 그 군집의 신뢰도는 높다고 할 수 있다. 마지막으로 군집 결과의 특징을 검토해보고 군집이 잘 구별되는지 비교 평가하는 것이 필요하다. 앞선 음악 선호도 조사 예시에서 학생들을 '바흐와 헨델', '모차르트와 베토벤', '브람스와 멘델스존'의 세 군집으로 나누었을 때, 군집의 구성원들이 가장 선호하는 음악이 각각 바로크, 고전, 낭만 음악에 해당하므로 군집을 둘로 나누었을 때에 비해 군집의 특징이 더 잘 구별됨을 확인할 수 있다.

지금까지 계층적 군집분석 방법을 통하여 군집분석의 기본적인 개념을 살펴보았다. 이 방법은 특별한 이론적 배경 없이도 비교적 간단하게 군집화를 적용할 수 있어 데이터 분석을 처음 시작하는 초보자도 실제 문제에서 유용하게 사용해볼 수 있다.

5부

인공지능,
더 빠르고 능숙하게
이미지를 분석하다

조성배

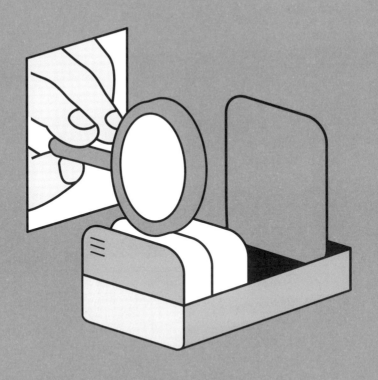

어떻게 기계가 인간처럼 보고 인식할 수 있는 걸까? 현재 놀랄 만한 학습 효과와 그 성능을 자랑하는 이미지 마이닝 분야에서 성공하기 위해서는 데이터 준비를 철저히 하고, 이미지 및 동영상의 특성에 따라 적절한 기계학습 기법을 적용해야 할 것이다. 문제를 해결할 수 있는 코딩 능력을 기르고 데이터 마이닝의 기본 아이디어를 잘 활용한다면 누구나 자기 분야에서 성공적인 경험을 할 수 있을 것이다.

기계가 인간처럼 스스로 학습하고 분석하는 세상

"내가 더 멀리 보았다면 그건 거인들의 어깨 위에 올라서 있었기 때문이다." 이 말은 물리학자 아이작 뉴턴Isaac Newton이 한 것으로 흔히 알려져 있지만, 영국의 시인 조지 허버트George Herbert의 "거인 어깨 위에 올라선 난쟁이는 거인보다 더 멀리 본다"는 문장에 기원을 둔다.

우리는 거인의 어깨 위에 있는 난쟁이와 다름없다. 거인보다 더 멀리 볼 수 있는 것은 우리가 뛰어나기 때문이 아니라, 거인이 우리를 들어 높은 위치에 올려놓았기 때문이다. 이 이야기는 과학 연구가 순수한 인간의 활동이던 시절부터 통용되어 왔는데, 21세기 이후로는 이를 뛰어넘는 속도로 과학기술이 발전하고 있다. 그리고 발전한 기술에 힘입어 현재 과학기술은 이제까지 상상할 수 없었던 새로운 차원의 발전을 도모하고 있다. 그 지렛대 역할을 하는 거인은 다름 아닌 인공지능General AI과 데이터 과학이라 할 수 있다.

인공지능이란 말은 1956년 다트머스 회의에서 사용되기 시작하면서 언젠가는 금방 달성할 수 있는 기술로 여겨지기도 하고, 때로는 영원히 도달할 수 없는 공상과학 소설 속의 허구로 취급되기도 했다. 이렇듯 인공지능은 한마디로 정의하기 어렵다. 지능이라는 실체 자체가 모호하기 때문에 이를 인공적으로 재현한다는 것이 쉽지 않다. 일반적으로 지능은 외부를 인식하고 추론하며 적응하는 능력이라고 본다. 인간조차 어떻게 그러한 기능을 하는지 명확히 모르는 상태에서 전통적인 환원주의에 입각한 과학적 방법으로는 그것을 구현하기 어렵다.

인공지능을 구현하는 기술은 크게 지식 기반 방법과 데이터 기반 방법으로 구별할 수 있다. 먼저 시도된 방법은 인식, 추론, 학습과 같은 지적 기능을 모방하기 위해서 이를 보유하고 있는 사람이 해당 영역의 지식을 기호로 표현해 정보를 논리적인 규칙에 입각해서 처리하는 것이다. 적절히 변경되는 학습을 통해서 문제를 해결하고자 시도하는 것이 지식 기반의 방법이다. 반면에 데이터 기반 방법은 기계학습이나 데이터 과학이란 이름으로 널리 사용되고 있다. 해당 문제의 사례를 데이터로 제공하고 이로부터 귀납적으로 모델을 만들어 지식을 추출해 문제를 해결하는 것이다.

이 기계학습 방법의 하나가 뇌의 구조를 모방한 신경망이다. 문제의 사례로부터 주어진 입력에 대한 적절한 출력을 자동으로 결정할 수 있는 방법인데, 인간의 두뇌를 이루는 기본 구조인 뉴런을 모방한 계산 단위를 대규모로 연결하여 문제를 해결한다. 즉, 입력값의 가중치를 매겨서 모두 더한 후 비선형 함수를 통해 출력하는 단순한 계산 단위를 대규모로 연결한 것이다. 신경망 노드 간의 연결을 여러 개의 층으로 구성하고, 주어진 데이터에 대한 입출력 관계를 표현하는 가중치를 구해서 문제를 해결하는 것이다. 이를 자동으로 구하는 것을 학습이라 한다.

신경망은 데이터만 잘 수집하면 학습 알고리즘으로 해결책을 얻어낼 수 있다는 장점이 있다. 그러나 실전에서는 층을 여러 개 쌓아야 하는데 그렇게 되면 학습 방법이 제대로 작동하지 않는다. 이를 해결한 것이 바로 딥러닝이다. 신경망의 층을 늘여서 다층으로 만든 것이 심층 신경망으로 이 가중치를 결정하는 알고리즘을 딥러닝이라 한다. 심층 신경망은 층을 쌓아나감에 따라서 구별해야 하는 부분은 증폭하고 무관한 변이는 억제하는 식으로 특징을 형성한다. 심층 신경망을 사용하는 학습 방식인 딥러닝은 인공지능 자체의 방법적인 발전과 더불어 방대한 데이터 처리기술과 대규모 컴퓨팅 자원 활용기술을 효과적으로 활용하면서 4차 산업혁명을 선도하는 기술로 재탄생하였다.

4차 산업혁명 시대의 인공지능과 데이터 과학

4차 산업혁명은 사람과 사물, 공간을 초연결하여 산업구조와 사회 시스템에 혁신을 일으키는 것이다. 이는 자본주의 경제를 지속하기 위한 것으로 이해된다. 세계경제의 저성장 고착화와 경제인구의 고령화, 노동 가능 인구의 감소에 따른 저성장과 저소비 문제를 3차 산업혁명으로 다져진 정보통신기술을 바탕으로 타개해 나가려는 것이다. 자동생산과 지능형 시스템 구축을 위한 기술인 센서와 네트워크가 발전하여 제조업의 시능화를 이룩함으로써 개발도상국의 제조업 생산 기반을 자국으로 회수하는 리쇼어링reshoring과 전략적 혁신이 가능해진다.

결국 사물인터넷을 기반으로 쏟아지는 빅데이터를 지능적으로 처리하는 인공지능 소프트웨어가 클라우드 컴퓨팅으로 대변된다. 이렇듯 고성능 컴퓨팅 자원의 힘을 빌려 제조업 분야의 효율성과 서비스업 분야의 편의성을 높이는 것이다. 이를 통해 인간사회에 대대적인 변화를 야기하는 것이 4차 산업혁명의 본질이 아닐까 싶다. 인공지능은 마치 컨트롤 타워처럼 빅데이터를

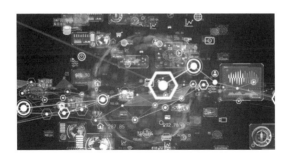

사물인터넷을 기반으로 수집된 빅데이터를 처리하려면
클라우드 컴퓨팅 같은 고성능 컴퓨팅 자원이 필요하다.

분석하고 관리하는 소프트웨어로서 핵심 역할을 한다. 인공지능은 필요에 따라 상황을 해석해가며 스스로 자동 갱신하여 새로운 차원의 산업혁명을 가능하게 만든다.

전통적인 제조업의 강자 제너럴일렉트릭GE마저도 이미 제조 공정에서 사물인터넷으로 수집된 빅데이터를 분석하는 소프트웨어 회사로 탈바꿈하고 있다. 이러한 현실에서 빅데이터 분석은 단순히 현재 진행 중인 비즈니스의 경쟁력 확보 차원을 넘어 새로운 비즈니스를 창출할 수 있는 도구가 되고 있다. 결국 빅데이터로 분석된 결과가 단순히 제조공정의 효율을 높이는 데 머물지 않고, 만족스러운 애프터서비스로 활용되어 고객의 로열티를 높여 큰 수익창출로 이어지는 것이다.

빅데이터에 내재되어 있는 가치를 창출하기 위해서는 수집된 데이터가 분석의 대상인 동시에 분석 및 예측을 위한 모델링의 재료임을 유의해야 한다. 널리 사용되고 있는 기계학습 방법들은 모델을 구축하기 위해 레이블이 기록된 대용량의 데이터가 필요하므로 사전에 이에 대한 세심한 준비를 해두자. 또한 수집된 데이터와 분석 도구만으로는 유용한 가치를 창출할 수 없기 때문에 무엇을 알아내려고 하는지 분석의 목적을 명확히 해야 한다. 이때 문제에 대한 직관과 창의적인 해석능력이 필요하다. 대용량의 데이터를 처리할 수 있는 딥러닝과 같은 획기적인 분석 방법의 등장과 함께, GPU나 클라우드 컴퓨팅과 같은 저가의 고성능 컴퓨팅 자원이 널리 보급되었다. 따라서 새로운 차원의 분석 결과를 얻는 일이 손쉽게 가능해진 것이다.

단순한 원리로
극강의 성과를 내는 딥러닝

우리는 살아가면서 늘 의사결정을 해야 하는 상황에 직면한다. 혹 지금까지는 대부분 직관에 의존하는 경우가 많았을지라도 결과적으로 잘못된 판단이었을 경우 스스로의 나쁜 운을 탓할 수밖에 없었을 것이다. 하지만 데이터 마이닝을 잘 활용하면 과학적이고 합리적인 선택으로 좋지 않은 결과에서 벗어날 수 있다. 나와 관계된 분야의 데이터를 많이 보유하고, 그 데이터를 잘 분석할 수 있다면 객관적이고 합리적인 의사결정을 할 수 있기 때문이다. 이렇듯 선택과 결정을 도와주는 데이터 마이닝에서 중요한 것은 데이터다.

먼저 이미지/동영상 분야에 특화돼 있는 데이터 마이닝 기법에는 어떤 것이 있는지를 살펴보고, 다음으로는 딥러닝에 대해 알아보자. 최근에는 인공지능과 머신러닝이 유행하면서 '딥러닝'이라는 개념이 많이 언급되는데, 특별히 이미지/동영상 분석에 딥러닝이 상당히 유용하게 쓰이는 경우가 많다. 딥러닝 활용은 새로운 이미지 생성을 가능하게 한다. 예를 들어 이미지를 보여주면 그 이미지를 문장으로 설명하거나 또는 거꾸로 문장을 입력하면 그 문장에 적합한 이미지를 보여주기도 한다. 심지어는 단순한 검색 차원을 넘어 새로운 것을 만들어주는 것도 가능하다. 이와 같은 딥러닝 응용 사례를 함께 살펴보자.

모든 것을 수치로 인식하는 컴퓨터

보통 동영상이나 이미지를 접했을 때, 그것을 통해 얻는 정보는 매우 다양하다. 한 장의 가족사진이 있다면, 그 가족 구성원의 특성을 알 수 있다. 또는 여러 가지 사물이 등장하는 사진이라면 그 안의 개별 사물들이 무엇인지 인식할 수 있다. 조금만 더 주의 깊게 살펴보면 사진 속 인물의 감정적인 요소 혹은 배경이 되는 장소의 구체적인 상황도 짐작할 수 있다. 도로가 막히고 있다든지, 비가 오고 있다든지 하는 여러 가지 다양한 정보를 사진을 통해 파악할 수 있기 때문이다.

그런데 과연 컴퓨터를 통해서도 이런 인식이 가능할까? 사실 우리가 알고 있는 컴퓨터는 바보 기계나 마찬가지다. 엄청난 양의 정보를 빠르게 저장하는 특성이 있지만 그 원리는 아주 간단해서 결국 컴퓨터에 내장된 수많은 스위치를 '켰다/껐다'를 빠르게 반복하는 것에 불과하다. 그런데 그와 같은 스위치가 두 개 있으면 '켰다/껐다'의 조합이 네 가지가 될 테지만, 스위치의 수가 늘어나면 상당히 많은 조합의 표현이 가능해진다. 그 조합에 대해 우리가 이것은 'A'라고 하고 저것은 'ㄱ'이라고 하자는 식의 약속을 해서 많은 양의 정보를 저장할 수 있는 기계가 바로 컴퓨터인 것이다. 이로써 계산을 효율적으로 한다든가, 또는 그 안에 저장되어 있는 내용을 빠르게 찾아내는 일들이 가능해졌다. 아무리 컴퓨터가 뛰어난 성능을 발휘한다고 해도 기본적인 원리는 아주 단순하다. 그러니 컴퓨터를 통해 이미지나 동영상을 처리/분석하는 일이 가능한 것인지 의심스러울 수밖에 없다.

원리적으로 보면 어떤 사진이나 동영상이든 컴퓨터는 그것을 숫자로 변환해 작업한다. 아무리 멋진 배경이 찍힌 사진이라고 해도 실제로 컴퓨터가 저장하는 데이터는 그 사진의 픽셀/화소의 특정한 값이다. 컴퓨터는 사람이 보는 것과는 다른 식으로 사물을 인식한다. 만약 다수의 사진 데이터에서 내가 찾는 사람의 데이터가 있는지 알고 싶다면, 결국 컴퓨터가 저장한 숫자들과 내가 찾는 사람의 수치화된 정보가 잘 맞는지를 엄청나게 많은 비교 행위를 통해 판별해야 할 것이다. 컴퓨터는 단순한 작업을 엄청난 속도로 빠르게 처리하기 때문에 가장 근사치의 값을 순식간에 찾아낼 것이다. 동일한 사람일지라도 정확하게 같은 값으로 저장돼 있지는 않겠지만, 적당한 임계값을 기준으로 그 차이가 어느 정도 범위 이내에 들어가면 그 값을 가지고 해당 인물인지의 여부를 판별할 수 있다. 간단하게 이미지나 동영상 분석은 이 같은 방법으로 이루어진다.

모든 개체를 식별하는 이미지 마이닝

데이터 마이닝이 데이터를 처리하는 것임을 이해할지라도 이미지/동영상을 인식하는 것은 좀 다르지 않을까 생각하기 쉽다. 하지만 이 또한 다르지 않다. 데이터는 어떤 특정한 속성을 가지고 있는 값의 한 덩어리, 일반적으로 벡터라고 한다.

예를 들어 특정한 데이터의 속성 1은 3.5이고, 속성 2는 −1.4이고, 속성 3은 0.2라는 식으로 나타낼 수 있다. 이 정보는 사진 한 장이 될 수도 있고, 일기예보를 하기 위한 날씨 데이터가 될 수도 있다. 이와 같은 데이터를 만 개 정도 모았다고 했을 때, 데이터 마이닝이 하고 싶은 것은 특정한 모형을 만드는 일이다. 또한 사진 데이터라면 각각의 데이터 사진이 숫자 5인지, 숫자 8인지를

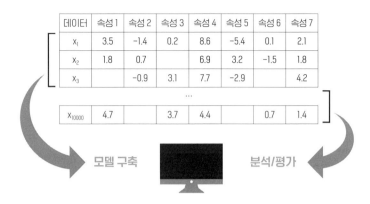

데이터	속성 1	속성 2	속성 3	속성 4	속성 5	속성 6	속성 7
x_1	3.5	-1.4	0.2	8.6	-5.4	0.1	2.1
x_2	1.8	0.7		6.9	3.2	-1.5	1.8
x_3		-0.9	3.1	7.7	-2.9		4.2
...							
x_{10000}	4.7		3.7	4.4		0.7	1.4

모델 구축　　　　　분석/평가

컴퓨터가 이해하는 데이터 속성

구별하고 싶을 것이다. 그렇다면 5라는 데이터의 영역과 8의 영역을 구별할 수 있는 어떤 함수를 만들어야 하는데, 이것을 결정경계면 또는 결정 함수라고 한다.

물론 그 함수라는 것이 반드시 직선으로만 되어 있지는 않다. 경우에 따라서는 곡선이 되기도 하고, 또는 굉장히 불규칙한 모양이 되지만 기본 원리는 이 데이터를 이용해서 공간을 나눠 결정경계면을 만드는 것이다. 이를 '모형을 구축한다'고 한다. 모형을 만들 때 사용하지 않았던 새로운 데이터를 입력해 이것이 5인지, 8인지를 판별하는 등의 분석 방식으로 작동하는 것이 일반적인 데이터 마이닝 방법이다.

결국 이미지/동영상 분석은 주어진 사진 안에 특정 개체의 유

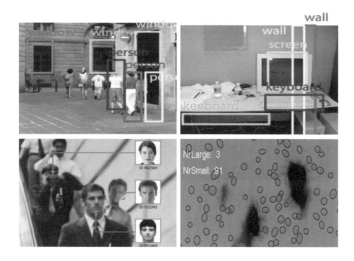

이미지/동영상 마이닝의 예시

무를 판별하고 그것이 무엇인지를 밝히는 작업이다. 하나의 사진이 있을 때, '이것은 창문이고 저것은 사람이야' 하는 식으로 개체를 규정하는 행위가 이미지/동영상 분석이라고 할 수 있다.

　이는 자칫 단순해 보이지만 분야에 따라서 유용하게 쓰인다. 가령 사진 속 자동차 번호판을 정확히 알아낼 수 있다면 주차 관리가 매우 편해질 것이며, 사진 속 여러 인물 중에서 특정 범인을 찾아낼 수도 있다. 의료 영상에서 질병에 관계된 세포와 정상 세포를 자동으로 분류하거나 특정 패턴으로 되어 있는 손 모양을 수화로 인식하는 것도 가능하다.

요즘에는 CCTV가 상당히 널리 보급되어 있는데, 공공장소에 찍힌 사진을 가지고 수상한 사람이나 수상한 물체를 탐색할 수도 있다. 아직까지는 대부분 CCTV 모니터링을 사람이 하고 있지만 데이터 마이닝 기법이 도입되어 보급된다면 점차 자동화하는 방향으로 나아갈 것이다.

컴퓨터는 어떻게 사람의 얼굴을 알아볼까?

이번에는 이미지 마이닝의 응용 사례를 살펴보자. 최근에는 홍채 인식이나 얼굴 인식, 지문 인식 등을 많이 하는데 기본 원리는 거의 모두 동일하다. 만일 얼굴 인식을 한다고 하면, 찍힌 사진 안에서 일단 얼굴이 어디 있는지를 알아야 한다. 이때 한 명의 얼굴만 크게 찍힌 사진이라면 컴퓨터가 해당 인물을 인식하는 것이 쉬울 것 같지만 반드시 그렇지는 않다.

데이터 분석을 통해 얼굴 인식을 하려면 우선 다양한 피사체를 찍은 수많은 사진을 확보해야 한다. 그 사진들 중에는 얼굴 사진도 있고 얼굴이 아닌 사진도 있을 것이다. 사진들의 데이터를 잘 분석해서 얼굴 영역과 얼굴이 아닌 영역을 결정할 수 있는 결정경계면을 만드는 것이 데이터 마이닝이 하는 일이다. 그래서 새로운 사진이 입력되었을 때 해당 사진의 각 부분을 결정경

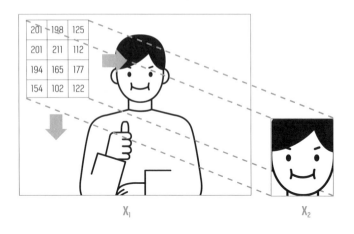

컴퓨터가 이미지를 인식하는 방법

계면에 적용해서 그것이 어느 쪽 영역인지 도출된 값에 의해 얼굴 인식을 판별할 수 있다. 컴퓨터는 매우 빠른 속도로 이 작업을 해내는데, 사진에서 어떤 부분이 얼굴이라고 판정된다면 그 부분에서 여러 가지 특징을 추출해 어떤 사람의 얼굴과 가장 가까운지를 비교하는 방식으로 인식한다.

실제로 얼굴은 사람마다 눈과 눈썹의 거리, 코와 인중 사이의 거리 등이 조금씩 미묘하게 다르다. 그러한 차이를 잘 추출해서 특징 삼아 비교하는 것이다. 실제의 데이터로 직접 비교할지, 아니면 데이터를 나름대로 추상화해서 비교할지는 방법에 따라 조금씩 다르다. 컴퓨터는 가장 최대치로 가까운 사람의 얼굴 값을 확보해 인식하고 그 얼굴을 누구라고 특정한다.

손동작 인식의 경우도 얼굴 인식과 원리는 거의 동일하다. 다만 찍는 사진의 대상이 다를 뿐이다. 그래서 손동작이 어떤지를 제대로 식별할 수 있다면 여러 가지 다양한 응용이 가능해진다. 스마트TV에서 손동작을 인식해서 리모컨을 대신하는 것처럼 말이다. 가령 손바닥을 폈다가 다시 쥐면 '클릭'을 하는 것과 같은 조작이 가능하고, 손바닥으로 원을 그리면 '뒤로 가기'와 같은 역할을 수행하는 것이 가능하다.

알파고 이후 인공지능이 만든 놀라운 성과들

동영상은 여러 개의 사진이 모여서 만들어지는 것이다. 그래서 1분짜리 동영상에는 최소 120장부터 4200장 정도의 매우 많은 사진이 포함되어 있다. 그래서 동영상/이미지를 잘 활용하면 이러한 것도 가능하다. 이를테면 누군가 동영상을 보고 있을 때, 그 모습을 동영상에 담는 것만으로 해당 동영상이 무엇인지를 자동으로 인식한다. 그리고 동영상 속의 동영상을 찾아서 실행해서 보여주는 일까지 가능하다는 것이다.

현재 동영상 콘텐츠를 인식해서 그와 동일한 콘텐츠를 검색해내는 애플리케이션은 꽤 유용하게 쓰이고 있다. 이 외에도 동영상/이미지를 활용하는 유형은 무궁무진하다. 그중 최근에 많이 이야기되고 있는 것이 딥러닝이다. 딥러닝은 기본적으로 인

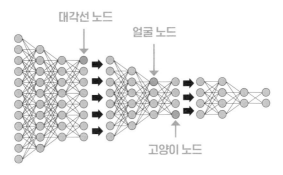

대각선 노드

얼굴 노드

고양이 노드

인공 뉴런을 다양한 방식으로 여러 층 쌓아 연결하면 딥러닝의 기본 구조인 인공신경망이 된다.

공신경망의 가중치를 자동으로 결정하는 방법이다. 여기서 신경망은 뇌 안에 있는 신경세포의 연결구조라고 하지만 실제 우리가 사용하는 모형은 간단하다. 어떤 정보가 입력되면 그 입력의 가중치를 추정해 모두 더한 다음, 이것이 일정한 임계치를 초과하면 출력을 하고, 그렇지 않으면 출력하지 않는 것이다. 이미 우리가 선형함수를 만들 때 많이 했던 것으로, 계수를 곱해서 모두 더한 다음에 출력하는 방식이다. 다만 이때는 하나를 쓰는 게 아니고, 여러 개를 쓴다는 점이 다르다.

딥러닝의 기본 구조를 도식화한 이미지를 살펴보자. 동그라미 하나가 신경세포의 기능을 하는데, 이처럼 만들어놓은 여러 개의 동그라미를 연결한 것을 신경망이라고 한다. 가령 어떤 사진을 입력하고 이 사진 안에 고양이가 있으면 첫 번째에 있는 동그라미의 출력이 큰 값이 나오고, 고양이가 없으면 두 번째에 있는 출력이 큰 값이 나오도록 모형을 만들 수 있다. 데이터로부터 이 가중치들을 잘 추정했다고 하면, 다음에 새로운 사진을 입력했을 때 그 사진을 입력해 첫 번째에 있는 출력이 큰 값이 나왔다면 입력된 현재 사진에는 고양이가 있다고 판정한다. 이와 같은 방식으로 작동하는 것을 신경망이라고 한다.

결국 기계학습에서의 핵심은 가중치다. 가중치가 데이터로부터 자동으로 결정될 수 있다는 것이 중요하다. 이 과정을 학습이라고 말한다. 어떤 문제를 해결하기 위해 일일이 방식을 만드는게 아니고, 데이터를 많이 모아놓기만 하면 특정 학습을 통해서 컴퓨터가 자동으로 만들 수 있다는 것이 대단히 흥미롭다. 그런데 문제는 복잡한 결정을 해야 하는 상황에서는 이 가중치가 쉽게 학습되지 않는다는 것이다.

학습 과정이 복잡하다면, 신경세포를 여러 개의 층으로 구성해야 하는데, 이 층이 깊으면 깊을수록 좀 더 복잡한 변환이 가능해진다. 하지만 층이 세 개 이상이 되면 가중치를 자동으로 결정하는 방법이 없었던 것이 딥러닝을 통해 해결된다. 그래서 많은 층, 많은 양의 데이터에 대해서 가중치를 자동으로 결정할 수 있는 일련의 방법들을 딥러닝이라고 하는 것이다.

무궁무진한 딥러닝 응용 분야

딥러닝의 응용 분야는 무궁무진해졌다. 제조공장에서 스마트 TV나 반도체를 생산할 때 결함이 있는 부품들을 자동으로 판별하는 데도 이용할 수 있으며, 의학 분야에서도 엄청난 양의 의료 영상 사진을 딥러닝을 통해 정확히 판독해낼 수 있다. 기존의 이미지 분석에서는 하나의 사진을 입력하면 그저 '스키 타는 사람'이라든가 또는 '아름다운 자연' 하는 식으로 분류, 즉 클래스를 맞추는 게 일반적이었다. 하지만 최근에는 딥러닝을 잘 사용하면 이를 문장으로 설명할 수 있을 정도의 수준이 되었다. 실제

딥러닝을 이용한 이미지 캡셔닝

로 마이크로소프트가 만든 소프트웨어를 사용하면, 거의 사람과 유사하게 이미지를 설명하는 문장을 만들어낸다. 스노보드를 타는 사람의 사진을 보고 스키를 타는 것으로 혼동하는 것까지도 사람과 유사하다.

하나의 문장을 입력하면 그 문장을 설명하는 영상을 출력하는 일도 가능하다. 단순히 이미지 검색을 통해 유사한 것을 찾는 게 아니라 새롭게 그 문장을 제대로 설명하는 영상을 만들어내는 것이다. 사람의 논리적인 판단이 산술연산으로 실현될 수 있다는 것이 딥러닝의 장점이라 할 수 있겠다.

바둑 인공지능 프로그램인 알파고가 많은 이들의 관심을 끈 적이 있다. 알파고 프로그램은 어떻게 만들어졌을까? 바둑은 혼자 두는 것이 아니고 상대와 상호작용하는 게임이다. 내가 아무리 좋은 수를 둬도 상대가 더 좋은 수를 두면 지게 되어 있다. 따라서 내가 다음 수를 결정할 때 항상 상대방은 그다음에 무슨 수를 낼지를 따져보아야 한다. 바둑에서 최상의 다음 수를 결정하려면, 우선 현재 바둑판의 형세를 알아야 한다. 그리고 바둑의 원리를 익혀야 한다. 이러한 게임을 진행하기 위해서는 미래를 예측할 수 있어야 한다. 그렇다면 이때의 예측은 어떻게 할 수 있을까?

공학적으로는 계란으로 바위를 치는 것처럼 보일 정도로 무한 반복하는 작업이 필요하다. 수를 결정할 때는 내가 둘 수에 대해 상대방이 둘 수 있는 수의 가능성을 모두 조합해서 펼쳐보아야 하는데, 딥러닝을 사용해서 바둑판의 형세를 정확하게 판단하여 효율적인 탐색이 가능해진 것이다. 이것이 인공지능에서 많이 하는 탐색 기법이다. 기존의 복잡하거나 구하기 어려운 값들을 난수, 확률을 이용하여 근사적으로 계산을 가능하게 하는 것을 몬테카를로 방식Monte Carlo Methods이라고 한다. 인공지능은 이 방법도 사용하고 심층강화학습이란 방식으로 스스로 수를 증진시키는 방법을 적용한다. 이렇듯 궁극적으로 사람보다 더 바둑을 잘 두는 프로그램이 완성된 것이다.

데이터 마이닝이야말로 모든 성공의 비결

앞서 사례에서 살펴보았듯 이미지나 동영상 분석에는 매우 다양한 가능성이 있다는 것을 강조하고 싶다. 이미지 마이닝이 성공하기 위해서는 크게 세 가지 요인이 필요하다. 우선 시스템 구축을 위한 데이터 준비가 철저해야 한다. 아무리 방법이 좋아도 데이터를 편향적으로 일부분만 모아놓고 전체를 맞춰보라고 하면 당연히 잘 안 될 것이다. 그러니 데이터 준비를 철저히 해야 한다.

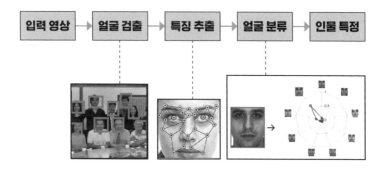

얼굴 인식

　다음으로는 이미지 및 동영상의 특징을 잘 선택해야 한다. 앞서 얼굴 인식의 경우, 눈과 눈썹의 거리, 인중과 코의 거리 등의 특징을 따져보았는데, 반드시 논리적인 특징만이 아니라 수학적 함수로도 특징을 뽑을 수 있어야 한다. 이처럼 특징을 적절하게 잘 선택하는 게 성능 향상에 크게 도움이 된다.

　마지막은 응용 분야에 따라 적절한 데이터 마이닝 기법을 적용해야 한다. 데이터 마이닝 기법은 일괄적으로 정해진 것이 아니다. 수십 가지 해결책 중에서 눈앞에 놓인 문제를 풀기에 최적의 방법이 무엇인지를 결정한다면 성공적인 분석이 가능할 것이다.

　딥러닝 기술이 등장한 뒤 분석 기술이 점점 고도로 발전되었다. 이때 보다 나은 결과물을 만드는 핵심은 결국 인간의 상상력이다. 남들이 생각해보지 못한 나만의 상상력을 펼쳐서 문제를 해결해나가야 한다. 오픈소스와 대용량 데이터의 공개에 따라 무한한 상상력으로 응용 개발이 가능한 때다. 그렇다면 결국 중요한 것은 소프트웨어가 된다. 모든 것이 공개되는 조건에서는 소프트웨어를 잘 다루는 공학자, 소프트 엔지니어의 능력이 차별화가 될 가능성이 높다.

물론 모두가 컴퓨터 전문가나 데이터 분석가가 될 필요는 없다. 하지만 어떤 분야에 있더라도 문제를 해결할 수 있는 코딩 능력을 기르고, 데이터 마이닝의 기본 아이디어를 잘 활용해서 더 객관적인 의사결정을 할 수 있다면, 누구나 자기 분야에서 성공적인 경험을 할 수 있으리라 본다.

앞으로 10년, 빅데이터로 준비하는 미래

인공지능이 고도로 발전하면 인간의 지능을 뛰어넘는 것도 가능하지 않을까? 미래학자 레이 커즈와일Ray Kurzweil의 예상을 그대로 믿는다면 2045년경에는 인간의 지능을 뛰어넘는 인공지능이 현실화되는 특이점에 도달할 수 있을 것이다. 하지만 달리 생각해보면 이미 인간의 지능을 넘어서는 인공지능은 바둑을 비롯해서 의료영상 판독 등 곳곳에서 사용되고 있다. 이런 상황에서 인공지능의 특이점은 우리에게 무엇을 시사하는가.

지능은 본질적으로 다양한 측면을 내포하고 있고, 현재 인공지능이 활약하고 있는 분야는 특정 분야에 한정된다. 이와 달리 일반 인공지능은 모든 분야에서 작동하는 인공지능을 의미하는데 앞서 소개한 그 어떤 방법으로도 다양하게 적용될 수 있는 인공지능을 완벽하게 만들기는 어려울 것이다. 바둑이나 퀴즈와 같은 게임을 인간보다 잘하기 위해서는 높은 수준의 일반 지능이 필요하리라 생각했지만, 실제로는 특수한 목적의 인공지능을 이용해서도 인간 챔피언을 이기는 프로그램을 만드는 것이 가능함을 알게 되었다. 물론 이 인공지능들은 바둑이나 퀴즈 풀이는 잘하지만 그밖에 다른 지능을 필요로 하는 일들은 할 수 없다. 따라서 인공지능의 특이점도 모든 분야를 초월한 일반 인공지능이라기보다는 특수 인공지능의 집합체로 이루어질 가능성이 크다.

즉, 초지능을 만들기 위한 획기적인 새로운 방법이 등장하기보다는 현재 점진적으로 발전하고 있는 약한 인공지능을 실현하는 컴퓨터 소프트웨어 기술과 대용량으로 사용가능한 데이터, 그리고 고성능 컴퓨팅 기술이 어우러지면서 일반 지능이나 초지능이라고 불리는 것을 완성할 수 있을 것이다.

인공지능 시대, 우리는 무엇을 준비해야 하는가

인공지능을 이야기하다보면 자꾸 인간의 지능과 비교하게 되는데, 인공지능이 인간과 똑같을 필요는 없다. 인공지능이 우리와 같은 감정을 가질 이유는 더욱 없다. 그렇다면 현실적으로 인

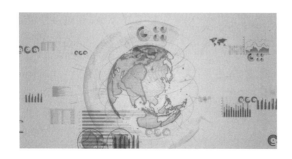

인공지능 기술은 의학 및 치료, 법률상담, 기후예측, 교통제어, 금융투자 등에서 인간의 의사결정을 돕는다.

공지능 시대를 살아가기 위해서 우리는 무엇을 준비해야 할까? 고령화와 함께 저성장의 늪에 빠져 있는 우리 사회의 경쟁력을 키우기 위해서 어떻게 해야 할지 생각해보자.

먼저 단기적으로는 본능적으로 인간이 못하는 문제, 즉 많은 양의 데이터를 분석해 결론을 내리거나 판단하는 문제에 지치지 않고 편견이 없는 인공지능 기술을 적극적으로 활용하는 것이다. 이를테면 의학 분야의 치료, 법률상담, 기후예측, 교통제어, 금융투자 등에서 인간의 의사결정을 돕는 방향으로 활용할 수 있을 것이다.

중기적으로는 출산율 저하와 고령화에 따른 생산가능 인구의 감소 문제를 해결하는 생산성 향상의 도구로 활용하는 것이다. 새로운 일자리를 창출하기 위한 기존 인력의 재교육과 더불어

부족한 노동력을 인공지능의 자동화로 해결할 가능성에 주목할 필요가 있다. 이로 인해 줄어든 노동시간과 고용구조의 변화, 그리고 인공지능으로 대체 불가능한 분야의 노동가치 상승은 여가시간을 증대시켜 새로운 라이프 스타일을 가능하게 도울 것이다.

장기적으로는 핵가족화, 1인 가족화에 따른 고독감이나 소외감과 같은 사회문제를 해결하는 동반자로 활용하는 것이다. 이미 일본이나 유럽과 미국의 선진국에서는 실버세대의 심리적 안정을 위해 인공지능이 탑재된 로봇을 개발하고 있다. 효율성이나 생산성을 넘어서서 인간과 교감하면서 인류에게 도움을 주는 방향으로 활용하자는 것이다. 인간화된 지능기술을 적극적으로 활용하여 인공 비서나 가상 친구와 같은 인공지능 시스템이 사회의 구성원이 되어 건전한 사회를 형성하는 동반자가 될 것이라 기대한다.

6부

비즈니스 성패를 가르는 텍스트 데이터에 주목하라

이영훈

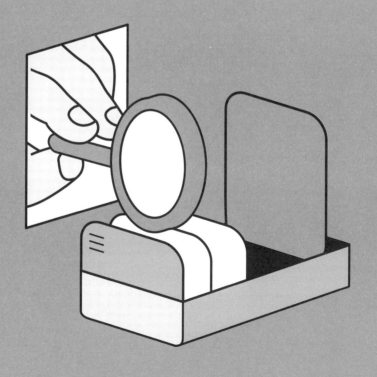

텍스트 분석은 방대한 양의 텍스트 데이터에서 의사결정에 필요한 인사이트를 도출하는 일련의 과정을 의미한다. 우리는 하루 대부분의 시간을 텍스트 데이터를 소비하는 데 사용하고 있으며 우리가 내리는 수많은 결정들은 텍스트 정보에 기반하고 있다. 스스로를 소비자라고 생각해보면, 텍스트 정보를 어떻게 활용하느냐가 결국 비즈니스 성공의 핵심 요인이라는 것을 어렵지 않게 추론할 수 있다. 이처럼 텍스트 분석에 대한 이해는 합리적인 의사결정자로서의 기본적이고 필수적인 능력이 될 것이다.

우리는 모두 텍스트 데이터에 의존한다

특정 집단의 표준 페르소나persona를 정의하는 것은 어려운 작업이다. 그럼에도 많은 기업에서 대표성을 띠는 페르소나를 정의하는 이유는 제품과 서비스를 사용할 예상 사용자를 타겟팅하는 것이 비즈니스에서 가장 중요한 작업이기 때문이다.

대한민국의 표준 페르소나인 가상 인물 김대리의 하루 일과를 살펴보자. 아침 7시, 김대리는 밤새 온 카카오톡 메시지를 확인하면서 잠에서 깬다. 출근하는 지하철 안에서 그는 포털 사이트의 메인 기사를 읽으며 시간을 보내고 관심이 가는 기사에 달려 있는 수십 개의 댓글까지도 훑어본다. 김대리는 회사에서 대부분의 소통을 이메일과 보고서로 진행하고, 업무 관련 정보를 스크랩하기 위해 다양한 아티클과 칼럼을 리뷰한다. 휴식 시간에는 페이스북이나 인스타그램에도 종종 접속하지만 관심사와 관련된 커뮤니티에 접속하여 더 많은 시간을 보낸다. 자동차와 주식 투자에 관심이 있는 김대리는 자동차 관련 커뮤니티 보배드림과 클리앙의 주식방에서 정보를 얻는다. 쇼핑은 주로 퇴근 후에 하는데 네이버 쇼핑과 쿠팡에 접속하여 관련 제품의 사용 후기를 하나하나 자세히 읽은 후 구매할 제품을 결정한다.

가상 인물인 김대리의 페르소나이지만 2020년대를 살아가는 많은 사람들의 행동 패턴과 일치하는 부분이 있을 것이라고 생각한다. 먼저 확인할 수 있는 점은 일과 대부분을 텍스트 정보에 의존하고 있고, 텍스트 정보와 소통하면서 살아간다는 것이다. 카카오톡, 이메일, SNS와 같은 양방향 소통과 뉴스 기사, 커뮤니티, 사용후기와 같은 일방향 소통 모두 '텍스트'라는 도구를 통해 이루어지고 있다.

더 중요한 점은 우리 생활에서 의사결정의 상당 부분이 이 텍스트 정보에 기반해 이루어지고 있다는 것이다. 단기적인 측면에서 사용후기는 제품 구매 결정에 핵심적인 요인으로 작용한다. 제품 사용의 만족감을 강조한 긍정적인 후기는 구매자 판단력에 긍정적인 점수를 더하고, 제품의 불만을 강조한 부정적인 후기는 구매자의 판단력에 부정적인 점수를 더한다. 만족감의 정도가 클수록 혹은 불만의 정도가 클수록 더 높은 가중치가 적용된다. 분명 계산을 하지 않더라도 구매자의 판단력은 긍정 혹은 부정의 후기를 읽으며 쌓인 점수를 종합하여 구매라는 최종적인 결정을 내리게 되는 것이다.

중장기적인 측면에서 사용자가 읽은 뉴스 기사나 커뮤니티에서의 의견들은 행동의 결정적 근거가 된다. 국내외 경제 현황, 정부의 경제 정책, 국제무역 동향, 사회문화적 트렌드 등 거시적인 정보뿐 아니라 특정 기업에 대한 정보, 특정 제품 및 서비스에 대한 소비자 반응 등 미시적인 정보까지 텍스트로 얻는 정보는 주식, 채권, 파생상품, 기타 위험 자산 등 다양한 투자 결정의 근거가 된다.

뉴스 기사나 커뮤니티에서의 의견들은 정치 분야에서 가장 중요한 의사결정이라고 할 수 있는 선거에 지대한 영향을 미치는 요소다. 경제 지표로 많은 것을 설명할 수 있는 투자 결정과 다르게 가치 판단의 영역에 가까운 정치 분야의 특성상, 텍스트 기반의 정보들은 정치적 의사결정의 핵심 근거로 작용한다. 때때로 언론 개혁이라는 키워드가 왜 언급되는지를 생각해보면 정치적 의사결정에서 텍스트를 기반으로 한 데이터의 중요성을 쉽게 파악할 수 있다.

지금까지 가상의 사례를 기반으로 논의했다면 객관적인 수치로 텍스트 정보의 중요성을 가늠해보자. 다음의 그래프는 오라

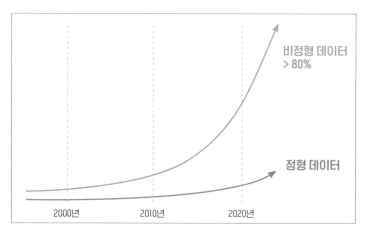

비정형 데이터의 양적 성장

클Oracle, 맵RMapR 등 빅데이터 관련 기업에서 예측한 비정형 데이
터 비율의 추산치다. 비정형 데이터의 정의에 대해서는 추후 다
시 논의하기로 하고, 여기서는 비정형 데이터가 텍스트 데이터
를 의미한다고 이해하고 넘어가면 좋겠다.

　　우리가 접하는 데이터는 날이 갈수록 기하급수적으로 증가하
고 있다. 그런데 데이터의 증가를 좀 더 심도 있게 살펴보면 데
이터 증가의 대부분인 80% 이상의 비중을 차지하는 것이 바로
텍스트 데이터임을 파악할 수 있다. 물론 전반적인 데이터의 양
이 증가하고 있는 것도 사실이지만 세부적으로 보았을 때, 데이
터 양적 성장의 핵심 요인은 텍스트 데이터이다. 이는 우리가 왜

텍스트 데이터 분석에 집중해야 하는지를 자명하게 드러내주는 객관적인 증거가 된다.

특히 80% 이상의 비중을 차지하는 텍스트 데이터가 우리의 의사결정, 더 나아가 고객의 구매 결정에 핵심적인 영향을 미치는 점을 고려하면 왜 텍스트 데이터를 비즈니스 의사결정의 핵심적인 소스로 다루어야 하는지 추론할 수 있다. 따라서 텍스트 데이터 분석에 대한 이해는 합리적인 의사결정자로서 기본적이고 필수적인 능력이라고 할 수 있다.

비정형 데이터도 분석하기 쉽게 만드는 해법

텍스트 분석은 다른 데이터 분석에 비해 복잡하고 어려울까? 앞서 언급했듯이 데이터 분석은 크게 두 가지로 나눌 수 있다. 첫 번째로 과거 데이터를 학습 데이터로 삼아 머신을 학습하고 새로운 데이터의 예측 결과를 도출해주는 머신러닝 방식의 데이터 분석이 있고, 두 번째로 데이터 시각화나 군집분석처럼 머신을 학습하지 않고 데이터에서 직접 인사이트를 뽑아내는 방식이 있다.

먼저 텍스트 데이터를 통해 머신을 학습시키기 위해서는 추가적인 고려가 필요한 것이 사실이다. 영화 〈라이언 일병 구하기〉에 나오는 명대사를 통해 이를 이해해보자. 영화 속에서 라이언 일병을 구하고 죽어가는 밀러 대위는 라이언 일병에게 "earn it"이라는 대사를 남긴다. 우리말로 "잘 살아야 해" 정도의 뉘앙스로 번역할 수 있는 말이다. 'earn it'이라는 겨우 두 단어에서 치열한 전투를 함께 치렀던 전우애, 남은 자의 회한, 전쟁의 잔혹함, 나아가 우리가 살아가는 이유 등 복합적인 생각과 감정을 느끼게 된다. 그런데 머신에게 키보드로 'earn it'이라는 단어를 입력하면 머신은 단지 'earn+it' 혹은 'e+a+r+n+(공백)+i+t' 정도의 의미 외에 아무런 의미도 부여하지 못한다. 머신이 언어를 이해하는 것은 많은 데이터 사이언티스트가 꿈꾸는 미래이자 인공지능 관련 미디어의 단골 주제이다. 하지만 안타깝게도 아직 머신이 인간의 언어를 완벽히 이해하는 단계는 멀기만 하다.

좀 더 일반적인 예시를 들어보자. 특정 화장품의 제품 사용 후기가 긍정적인지, 부정적인지를 분류하는 머신을 학습한다고 가정해보자. 학습을 위해 "이 립스틱은 발색도 별로이고, 지속력도 떨어져"라는 글을 입력할 때, 머신은 이 문장의 의미를 이해하지 못하기 때문에 함께 입력받은 다른 문장과 얼마나 다르고 어떻게 처리해야 할지 어려움에 처하게 된다.

I bought a Samsung Galaxy 21 yesterday.	⇒	[0.23, 0.56, 0.67, 0.97]
We spent two nights here on business.	⇒	[0.05, 0.98, 0.13, 0.55]
The movie is terrible but it has good effects.	⇒	[0.43, 0.33, 0.41, 0.67]

수치로 변환된 텍스트 정보

즉, 텍스트 데이터를 처리하기 위해서는 그 문장 그대로 머신에 입력하는 것이 아니라 머신이 처리할 수 있도록 적절히 수치화를 해주는 단계가 필요하다. 일반적으로 수치화한다는 것은 텍스트 정보를 여러 차원의 벡터로 변환시키는 일을 의미한다.

비정형 데이터의 가치

텍스트 데이터를 머신 학습 없이 데이터에서 직접 인사이트를 도출하는 경우에는 텍스트 분석의 장점이 드러난다. 앞서 비정형 데이터라는 용어를 언급하면서 텍스트 데이터와 동일하다고 간주한 바 있다. 상당수의 텍스트 데이터가 비정형 형태로 존재하기 때문에 텍스트 데이터와 비정형 데이터를 거의 동일한 의미로 사용하지만, 엄밀히 살펴보면 다양한 반례를 생각해볼 수 있다.

데이터는 크게 데이터의 형태를 기준으로 정형 데이터와 비정형 데이터로 나눠볼 수 있다. 정형 데이터는 행과 열로 구성된 표에 정형화된 형태로 저장된 데이터를 의미하고, 비정형 데이터는 댓글 이미지처럼 특정한 형태 없이 개별적으로 존재하는 데이터를 의미한다. 텍스트 데이터의 경우에도 행과 열로 구성된 표처럼 정형화되어 저장된 경우에는 정형 데이터로 분류될

	crim	zn	indus	chas	nox	rm	age	dis	rad
1	0.00632	18	2.31	0	0.538	6.575	65.2	4.09	1
2	0.02731	0	7.07	0	0.469	6.421	78.9	4.9671	2
3	0.02729	0	7.07	0	0.469	7.185	61.1	4.9671	2
4	0.03237	0	2.18	0	0.458	6.998	45.8	6.0622	3
5	0.06905	0	2.18	0	0.458	7.147	54.2	6.0622	3
6	0.02985	0	2.18	0	0.458	6.43	58.7	6.0622	3

행과 열로 구성된 정형 데이터

닉네임을 등록해 주세요 2021. 04. 12. 09:39
차박용 플랫폼으로 양산해 주면 안될까?
그럼 개인이 원하는 대로 캠핑카 업체에 맡겨서 인테리어하고...
사다가 필요없는 시트 안떼어내도 되게...

법이 지원이 안되나?

답글1   👍 40   👎 1

핀볼과 맥주 그리고 주크박스 2021. 04. 12. 07:31
우리나라에선 경차나 소형차 인기가 예전 같지 않지만,
요즘 대만에서 의외로 기아 모닝과 스토닉이 잘 팔린다 하더라.
현대 베뉴도 그렇고.

우리나라에선 찬반신세지만 국위선양하고 있는 모델들 : 모닝, 쏘울, 스토닉, 베뉴.

답글 3   👍 22   👎 4

특정한 형태가 없는 비정형 데이터

수 있고, 반대로 텍스트 데이터 이외에도 특정한 형태 없이 존재하는 이미지, 영상, 음성 데이터 모두 비정형 데이터에 포함될 수 있다. 하지만 이런 반례들은 그 빈도가 월등히 낮기 때문에 일반적으로 텍스트 데이터와 비정형 데이터를 동일한 개념으로 사용한다.

일반적으로 정형화된 형태로 존재하는 수치 데이터는 단순히 데이터만 나열되어 있는 경우, 그 의미를 파악하기 어려울 수밖에 없다. 예를 들어 행과 열로 구성된 정형 데이터의 일부만 나열되어 있다고 가정해보자. 단순히 [0.02731, 0, 0.707, 0, 0.469]과 같은 수치만 나열되어 있다면 이 데이터에서 유의미한 정보를 추출하기 어려울 것이다.

하지만 텍스트 데이터의 경우에는 비정형 형태로 나열되어 있어도 의미 파악이 어렵지 않다. ['한국', '주식', '폭등']이나 ['반도체', '수급', '부족']과 같이 단순히 나열된 비정형 형태의 데이터에서도 충분히 의미를 유추할 수 있다. 즉, 텍스트 데이터 분석을 진행할 때 저장 형태에 구애받지 않고 다양한 형태의 텍스트 데이터를 분석에 활용할 수 있으며, 이를 통해 유의미한 인사이트를 도출할 수 있는 것이다.

이러한 사실은 데이터 생성 측면에서도 중요한 시사점을 제공한다. 일반적으로 데이터를 생성하는 데 규격화된 입력 포맷은 데이터 생성 의지를 저하시킬 수밖에 없다. 가령 온라인 서비스에서 신규 계정을 생성할 때, 많은 입력란을 채우기 번거로워서 가입을 포기했던 경험이 있을 것이다. 데이터 생성 시에 정형화된 데이터 포맷이 요구된다는 점은 데이터 생성의 효율성을 무슨 일이 일어나고 있나요?

GIF ☺

트윗

쉽고 간단한 입력이 요구되는 비정형 데이터

떨어뜨리는 요소인 것이다.

반면에 비정형 데이터는 간단하고 자유로운 포맷으로 생성할 수 있는 것이 일반적이다. 내가 가진 정보를 가장 쉽고 간단한 방식으로 생성할 수 있는 비정형 데이터는 데이터 생성에서도 높은 효율성을 제공한다. 80% 이상의 데이터가 비정형 형태로 생성되는데 사용후기, 고객 불만, 소셜 버즈 등은 비즈니스 대상이 되는 대중이 직접 생성한 데이터라는 측면에서 그 가치는 배가될 수밖에 없다.

텍스트 데이터 자체의 함축적인 속성 역시 머신 학습 없이 데이터에서 직접 인사이트를 도출할 수 있게 작용한다. 텍스트는 그 특성상 다양한 의미를 함축적으로 요약하여 표현할 수 있다. 예를 들어 각 국가의 인구구조에 대한 논의를 한다고 가정해보자. 텍스트 데이터를 통해 각 나라의 인구구조를 '파라미드형', '종형', '방추형' 등의 요약된 단어로 표현할 수 있다. 반면에 정

0~9세	10~19세	20~29세	30~39세	40~49세	50~59세	60~69세	70~79세	표준편차	왜도	첨도
611,000	773,744	1,450,425	1,460,545	1,511,822	1,513,916	1,255,009	698,222	370,231	-1	-2

인구구조를 나타내는 수치형 데이터

형화된 수치 데이터로 인구구조를 나타내려면 개별 데이터의 분포 혹은 이를 대표하는 다양한 통계 정보를 활용하여 복잡하게 표현할 수밖에 없다. 즉, 정형화된 수치형 데이터로 표현하기 어렵거나 불가능한 정보를 텍스트 데이터로는 비교적 함축적인 형태로 표현할 수 있는 것이다. 이는 텍스트 데이터 그 자체에서 인사이트를 도출하기 용이한 속성으로 이해할 수 있다.

크롤링 작업의 필요성

물론 데이터가 비정형 형태로 존재하는 것으로 장점만 있지는 않다. 먼저 데이터 수집에 있어서의 어려움을 생각해볼 수 있다. 정형 형태로 존재하는 데이터는 그 특성상, 표(테이블) 형태의 포맷을 활용하여 저장되고 공유되며 수집된다. 예를 들어 공공 데이터 포털 내의 대다수 데이터는 정형 형태로 구성되어 있으며 데이터 공유 및 수집이 가장 용이한 데이터 소스 중 하나이다.

반면에 비정형 데이터는 특정한 포맷 없이 생성되는 데이터

이기 때문에 쉽게 데이터를 주고받을 수 있는 포맷이 없고, 데이터 사이언티스트가 직접 데이터를 수집해야 하는 어려움이 있다. 물론 API^{Application Programming Interface}라는 형태를 통해 사전에 약속한 규격을 정의하는 경우도 있다. 하지만 이렇게 수집할 수 있는 데이터는 극소수에 불과하다. 대부분 데이터 사이언티스트가 직접 데이터를 수집하는 단계가 요구되는데 이를 크롤링^{crawling} 작업 또는 스크래핑^{scrapping} 작업이라고 부른다.

정해진 포맷이 없는 비정형 데이터의 특성상 다양한 형태를 고려한 다수의 크롤링 기법이 활용되고 있다. 현업의 데이터 사이언티스트들은 크롤링을 위해 HTML, 자바스크립트^{JavaScript}, 헤드리스브라우저^{Headless browser} 등 다양한 툴을 복합적으로 활용한다. 비교적 심플한 형태의 뉴스 기사 크롤링과 댓글이 복잡하게 얽혀 있는 레딧^{reddit}의 크롤링 방법은 다를 수밖에 없기 때문이다.

물론 의사결정자 입장에서 개별적인 크롤링 기법에 대한 심도 있는 지식을 획득할 필요성은 없다. 다만 텍스트 데이터를 수집하기 위해 복잡한 크롤링 과정이 필요하다. 또 개별 데이터 소스 각각에 적합한 크롤링 기법을 개발하기 위해서는 많은 시간이 요구되는 것은 필수적으로 고려해야 할 요소다. 수집된 데이터의 양이 늘어날수록 추출된 인사이트의 신뢰도 역시 높아지는 것이 일반적이지만 텍스트 데이터 크롤링에 투입되는 인력

12:37	[지금은 기후위기] "각국 정상들, 이 지표를 보시오!" ○○일보
12:16	알츠하이머 치료제후보, 뇌 기능 규명… ○○뉴스
12:01	과기정통부 뇌과학 원천기술개발사업성과가시화 ○○신문
11:57	"모빌리티 시장은미래황금알" .. 글로벌 '편의 전쟁' ○○경제
11:52	태블릿PC로 맞붙는다.. 애플 대 삼성 ○○일보
11:11	삼성폰 1위 탈환.. 아이폰 앞질렀다 ○○뉴스
11:05	"원전 오염수 정보제공미흡.. 과학적 근거 필요해" ○○신문
11:02	원자력 전문가들 "후쿠시마 오염수 전수조사할 필요있다" ○○뉴스
10:50	수소 기관차 개발 착수.. "한번 충전으로 서울과 부산 왕복" ○○일보
10:50	월드 IT 쇼 개최.. 디지털 뉴딜 기업 한자리에 ○○신문

□ **user A**
Put Gerafe in and "super teams" will leave on their own
⬆ 1.1k ⬇ Reply Give Award Share Report Save

□ **user B**
Gerafe and Burnley secer agents joint managed by Big Sam to destroy
the super league from inside by shithousing each team – red cards don't
matter if you can't get relegated or if points mean fuck all
⬆ 546 ⬇ Reply Give Award Share Report Save

□ **user C**
Get Tony Pulis' Stoke in as well. Arssenal will pull out immediately
⬆ 112 ⬇ Reply Give Award Share Report Save

□ **user D**
now thats the beautiful game
⬆ 58 ⬇ Reply Give Award Share Report Save

다음 뉴스 기사 크롤링과 댓글이 복잡하게 얽혀 있는 레딧의 크롤링과 시간의 제약은 의사결정 과정에서 반드시 포함해야 한다.

분석하기 쉽게, 비정형 데이터 전처리

텍스트 데이터의 비정형 형태로 인한 어려움은 데이터 전처리Pre-Processing가 필요하다는 것이다. 데이터 전처리란 분석하기 용이한 형태로 데이터를 사전 가공하는 것을 의미한다. 정형 데이터의 경우에는 빠진 데이터가 없는지 혹은 잘못 입력된 데이터가 없는지 등을 확인하는 것이 일반적이다.

비정형 형태로 존재하는 텍스트 데이터는 그 특성상 정형 데이터에 비해 훨씬 더 많은 사전 가공이 요구된다. 예시의 사용 후기를 살펴보자. 얼핏 봐도 상당한 수준의 전처리가 필요하다는 것을 알 수 있다. 띄어쓰기가 제대로 되어 있지 않음은 물론이고, '노트충', '개 좋음'과 같은 비속어도 다수 포함되어 있다. 또한 분석에 필요하지 않을 것으로 예상되는 'ㅋㅋ', 'ㅎㅎ', '^^', '!!!' 등의 불용어stop word도 상당수 존재한다. 따라서 비정형 형태의 텍스트 데이터는 분석에 앞서 다양한 전처리를 진행하여 분석에 용이한 형태로 가공하는 것이 필수적이다.

일반적으로 많이 사용하는 전처리 방법에는 불용어 제거, 어근화stemming, 토큰화tokenizing, 품사 태깅part-of-speech tagging 기법 등이 다른말 필요없이 추천합니다! 굳!!!!!!!!

기기값도 저렴하고 부담안가는 선에서 잘 고른거 같아요 많이 파세요

금요일에 받았는데 이제 후기 올려요^^ 너무 이쁜거 같아요

배터리용량도 커지고 카메라.. 진심 개 좋음.. 무게가 조금 아쉽지만..

사은품이랑 다 잘받았습니다~ 잘바꾼거 같아용~

해피콜 받고 다음날 바로 핸드폰 받고 바로 개통했습니당   ㅎㅎㅎㅎㅎ

아버지 핸드폰 싸게 잘바꿔줬습니다. 잘챙겨주셔서 감사해요. 번창하세요.

노트충ㅋㅋㅋㅋㅋㅋㅋ또 노트로 구매 상담원 친절하게 안내해줘서 감사해요ㅋㅋ

비정형 형태의 텍스트의 예 – 사용후기

있다. 불용어 제거는 가장 기본적인 전처리 방법으로 분석을 하는데 유의미하지 않은 마침표, 물음표 등의 문장부호, 그리고 'ㅋㅋ', 'ㅎㅎ'와 같은 불용어 등을 일괄적으로 제거하는 기법이다. 시중의 다양한 전처리 솔루션에서 미리 정의한 불용어 사전을 활용하거나 데이터 사이언티스트가 별도로 지정하여 불용어를 제거할 수 있다.

어근화 기법은 동사나 형용사의 다양한 파생 형태를 기본형으로 통일시키는 방법이다. 한글은 동사 및 형용사의 변형이 특히 다양한 언어이다. 예를 들어, '먹다'라는 동사는 '먹는다', '먹고 있다', '먹었다', '먹는', '먹을', '먹은' 등 시제나 활용 형태에 따라 수많은 형태로 변형이 가능하다. 그런데 이렇게 다양한 변

형을 그대로 유지한 채로 단어의 빈도 분석을 수행한다고 가정해보자. 가령 수집한 데이터에서 실제로 '먹다'와 관련된 표현이 100번 이상 등장함에도 불구하고, 다양한 변형의 종류만큼 나뉜 채로 계산되어 각 변형의 빈도가 열 개 미만으로 도출될 가능성이 크다. 반면에 변형 없이 오롯이 빈도가 계산되는 명사의 경우에는 동사에 비해서 과도하게 높은 빈도가 기록될 것이고, 이는 분석 결과에 치명적인 오류로 작용하게 된다. 따라서 동사나 형용사의 다양한 변형을 '먹다'와 같은 기본형으로 통일시키는 어근화 작업은 필수적인 전처리 기업이다.

불용어 제거와 어근화 기법은 비교적 난도가 높지 않은 전처리 기법이기 때문에 기존에 개발된 전처리 솔루션 모두 꽤 높은 수준의 전처리 성능을 보여준다. 반면에 토큰화와 품사 태깅 기법은 솔루션의 종류에 따라 확연히 다른 성능을 보여주기 때문에 전처리 솔루션 선택이 분석 결과에 커다란 영향을 끼치게 된다.

토큰화 기법은 전체 텍스트를 기본이 되는 단어로 자르는 작업을 의미하고, 품사 태깅은 기본 형태로 잘린 단어가 어떤 품사인지를 지정하는 기법이다. 토큰화 기법과 품사 태깅은 독립적으로 진행되기 어렵게 때문에 두 전처리 기법은 동시에 적용되는 것이 일반적이다.

이 두 작업을 진행하는 궁극적 이유는 보다 핵심적인 분석을 위해 주요 품사만을 도출하기 위해서다. 수집한 텍스트에서 어떤 정보를 도출할 때 품사별로 그 중요도가 다른 것이 일반적이다. 예를 들어, 명사나 동사는 작성자가 의도한 의미 전달에 필수적인 품사인 반면에 조사나 접속사 등은 의미 전달에 필수적인 품사라고 보기 어렵다. 따라서 토큰화 기법과 품사 태깅 기법을 통해 텍스트 데이터를 전처리한 이후 주요 품사인 명사나 동사만을 추출하여 분석을 진행하는 것이 일반적이다.

두 가지 전처리 솔루션으로 진행한 토큰화 및 품사 태깅 작업의 실제 결과 예시를 살펴보자. 띄어쓰기가 완벽하지 않은 첫 번째 문장의 경우, 솔루션 1은 의도에 맞는 결과를 도출했지만 솔루션 2는 의도와 달리 '가방'을 명사로 도출했다. 반면에 이중 주어로 헷갈릴 수 있는 두 번째 문장의 경우, 솔루션 2는 의도에 맞는 결과를 도출했지만 솔루션 1은 '물'을 명사로 도출했다. 문장

솔루션 1	**아버지가방에 들어가신다**				**길을 물을 수밖에 없었다**		
	명사		조사 명사 조사		명사 조사	명사 조사	
솔루션 2	**아버지가방에 들어가신다**				**길을 물을 수밖에 없었다**		
	명사		명사	조사	명사 조사	동사	

토큰화 및 품사 태깅 작업의 예시

의 성격과 솔루션에 따라 매우 다른 결과를 도출하고 있는 것이다. 실제로 한나눔Hannanum, 꼬꼬마Kkma 등 다양한 전처리 솔루션이 존재하며 지속적으로 생성되는 신조어나 유행어 등을 고려하여 전처리 성능에 대한 비교 연구가 이루어지고 있다.

물론 의사결정자가 전처리 솔루션의 성능 차이에 대한 해박한 지식을 보유할 필요는 없다. 다만 비정형 형태로 존재하는 텍스트 데이터를 다루기 위해서는 전처리 단계가 필수적으로 요구되고, 적용하는 솔루션에 따라 그 결과에 큰 차이가 존재한다는 점을 인지해야 한다. 그만큼 비정형 데이터 분석의 의사결정에 있어 전처리에 대한 고려는 필요하다.

텍스트 데이터와 소통하면 인사이트가 보인다

텍스트 데이터는 머신 학습 없이 데이터 자체에서 인사이트를 뽑아내는 분석에 강점을 보인다. 따라서 등장 빈도에 기반한 간단한 분석만으로도 상당히 유의미한 결과를 도출할 수 있다. 가장 널리 사용되는 빈도 분석 중 하나로 워드 클라우드word cloud를 꼽을 수 있다. 워드 클라우드는 텍스트 데이터에 등장하는 단어의 등장 빈도를 크기, 색상 등 표현 요소의 차이로 시각화하는 기법이다. 단순한 기법이지만 정보를 한눈에 파악하기 쉽고 활용 방법에 따라 꽤나 유의미한 결과 도출이 가능하다. 관련 이슈에 대한 종합적인 정보 수집이 가능하다는 측면에서 가장 기본적으로 사용되는 방법이다.

부동산과 주식과 관련된 2021년 뉴스 기사를 워드 클라우드

부동산	주식

뉴스 기사를 워드 클라우드로 시각화한 결과
(출처: 한국언론진흥재단 빅카인즈)

로 시각화한 결과를 보자. 좌측 워드 클라우드를 통해 부동산 관
련 주요 이슈가 공시가격 상승에 따른 재산세 증가, 공무원 및 공
직자에 대한 투기 방지 법안, 코로나19로 인한 부동산 거래 절벽
등이었다는 사실을 쉽게 파악할 수 있다. 또한 우측 워드 클라우
드를 통해 주식 시장에서 테슬라 및 게임스톱 관련 서학개미운
동, '영끌'과 '빚투'로 인한 개인 대출 증가, 국민연금의 삼성전자
주식 비율 조정 등이 주요 이슈였다는 점을 파악할 수 있다.

  워드 클라우드를 좀 더 미시적인 측면에서 활용할 수도 있다.
삼성전자와 LG전자에 관련된 뉴스 기사를 워드 클라우드로 표
현한 것을 살펴보자. 가전 업계의 대표적인 경쟁 기업이지만 사
회적인 관심사에는 큰 차이가 있음을 알 수 있다. 삼성전자와 관
련된 키워드는 반도체, 메모리 반도체, 파운드리, 위탁생산 등

삼성전자   LG전자

워드 클라우드로 살펴보는 삼성전자와 LG전자 관련 키워드
(출처: 한국언론진흥재단 빅카인즈)

대부분은 반도체에 관련된 이슈이고, TSMC, 인텔, SK하이닉스
등 반도체 분야의 경쟁사가 주요 키워드로 도출된 것을 알 수 있
다. 또한 오스틴, 애리조나, 전력 공급 반도체 생산 관련 키워드
도 등장했으며 영업이익, 배당금, 수익률 등 배당 규모 조정에
관한 이슈도 주요 키워드로 도출되었다.

　반면에 LG전자와 관련된 키워드는 가전과 전기차 배터리에
관한 이슈로 양분되었다. 오브제컬렉션, 올레드TV, 생활가전,
영업이익 등 사상 최대 실적을 기록한 가전 부문에 관한 이슈와
전기차 파워트레인, 마그나, 자동차 부품, 전장사업, 합작법인
등 전기차 배터리 사업에 대한 기대감이 사회적 관심사였음을
알 수 있다. 또한 MC, 스마트폰 사업, 사업부진 등 모바일 사업
부 철수 관련 이슈도 큰 관심사였던 것으로 파악된다. 즉, 가전

업계의 최대 경쟁 업체인 두 회사의 뉴스 기사를 분석해본 결과, 점차 주력 사업 분야에서의 괴리가 발생하고 있고, 두 업체에 대한 사회적 관심사 역시 다르다는 사실을 알 수 있었다.

단순히 빈도에 기반한 방법이지만 활용 정도에 따라 워드 클라우드로 강력한 인사이트를 도출할 수 있다. 만일 특정 제품이나 서비스에 대한 긍정적인 의견과 부정적인 의견을 별도로 수집하여 워드 클라우드로 표현한다면 어떤 점이 소비자에게 어필했는지 혹은 불만을 야기했는지를 명시적으로 파악할 수 있을 것이다.

시간에 따른 빈도 변화를 파악하는 트렌드 분석

텍스트의 등장 빈도에 기반하여 유의미한 결과를 얻을 수 있는 또 다른 방법으로는 트렌드 분석을 꼽을 수 있다. 트렌드 분석은 특정 키워드의 활용 빈도가 시간의 흐름에 따라 어떤 추이를 보이는지를 표현하는 기법이다. 검색 빈도, 클릭 빈도, 등장 빈도 등 다양한 측면의 활용 빈도를 활용할 수 있다. 데이터 사이언티스트가 직접 수집한 데이터에서 등장 빈도 변화를 파악할 수 있을 뿐 아니라 구글 트렌드나 네이버 데이터랩 서비스를 활용하여 검색 및 클릭 빈도에 대한 트렌드 파악도 가능하다. 다

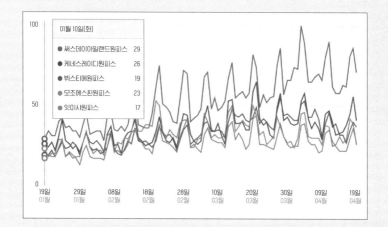

네이버 랩스의 분석 툴을 이용한 원피스의 트렌드 분석

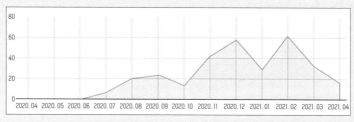

[도식 1] 트렌드 분석-특정 제품에 대한 리뷰 수

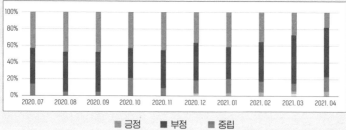

■ 긍정 　■ 부정 　■ 중립

[도식 2] 트렌드 분석-리뷰 세분화

음 제시된 그래프는 원피스와 관련된 상위 클릭 키워드의 트렌드를 보여주는 결과이다. 원피스라는 아이템의 계절에 따른 관심도 변화를 효과적으로 파악할 수 있다.

트렌드 분석은 그 분석 범위가 구체적일수록 더 높은 효용을 발휘한다. 특정 제품에 대한 리뷰 수로 트렌드를 분석한 자료를 살펴보자. [도식 1]을 보면, 리뷰 수의 상승을 확인할 수 있는 구간을 통해 해당 제품에 대한 대중의 관심도가 늘어났음을 짐작할 수 있다. 하지만 부정적인 이슈로 인한 고객 리뷰 수 상승의 가능성도 배제할 수 없기 때문에 단순히 관심도에 대한 상승을 긍정적인 신호로 단정하기에는 위험성이 있다.

[도식 2]는 [도식 1]의 전체 데이터를 긍정적 리뷰/중립적 리뷰/부정적 리뷰로 세분화해 트렌드 분석을 진행한 결과이다. 전반적인 추이를 확인해보면 긍정적인 리뷰의 비율이 줄어들고 있으며 중립 및 부정적인 리뷰의 비율이 증가하고 있다. 해당 제품의 경우, 전체적인 리뷰 양 상승은 긍정적인 효과보다는 부정적인 이슈로 인한 결과임을 유추할 수 있다. 따라서 고객 리뷰에 대한 심층 분석을 통해 이슈 해결의 움직임이 시급하다는 것을 파악할 수 있다. 이처럼 데이터 범위를 긍정/부정 혹은 개별 고객 세그먼트 등으로 세분화한 이후 분석을 진행하게 되면 전반적인 관심도뿐 아니라 보다 구체적이고 명확한 인사이트 도출

의 가능성을 높일 수 있다.

네트워크 분석으로 관계 파악하기

앞서 주요 단어의 등장 빈도를 통해 개별 키워드에 대한 이슈 및 사회적 관심 정도, 관심도의 추이 등을 다양한 측면에서 파악했다. 그런데 개별 키워드에 대한 자체적인 정보뿐 아니라 키워드들의 연관 관계를 통해 인사이트를 얻는 경우도 다수 존재한다. 예를 들어, '카시트'라는 키워드를 검색하는 경우, 어떤 제품을 함께 검색하는지에 대한 정보를 토대로 제품의 연관 관계를 파악하여 이를 마케팅에 적극 활용할 수 있다. 또한 사용후기에 함께 등장하는 제품과 브랜드가 있다면 이들 간의 긴밀한 연관 관계를 파악하여 제품 및 브랜드 포지셔닝에 활용할 수 있다.

키워드의 연관 관계를 분석해주는 방법론 중 가장 널리 쓰이는 기법은 네트워크 분석이다. 네트워크 분석은 연결망 분석이라고도 부르며 개별 객체 간의 상호관계, 네트워크 전체 구조, 핵심 객체 도출 등의 목적으로 다방면에서 활용된다. 그 가운데 연결성을 정의하기 용이하고, 분석 결과의 유용성이 높은 텍스트 분석 분야에서 특히 많이 사용되고 있다.

텍스트 데이터를 네트워크로 표현하는 기본 아이디어는 간단

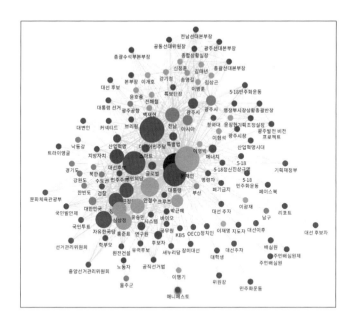

19대 대선 관련 기사에 언급된 키워드의 네트워크 관계도
[출처: 한국언론진흥재단 빅카인즈]

하다. 네트워크는 기본적으로 점과 선으로 구성된다. 일반적으로 점에 해당하는 대상을 노드node라고 지칭하고, 선에 해당하는 관계성을 링크link 혹은 에지edge라고 지칭한다.

19대 대선 관련 기사에 등장한 키워드를 네트워크로 표현한 결과를 살펴보자. 이 네트워크에서 각 키워드는 노드에 해당하고, 이를 연결해주는 선은 링크에 해당한다.

먼저 노드는 등장 빈도가 높은 경우 크기나 색상으로 강조하는 것이 일반적이다. 그리고 키워드 간의 관계성을 정의함에 있어, 키워드나 특정 텍스트 내 키워드가 함께 등장하는 경우에는 관계가 있다고 정의한다. 예를 들어, '문재인'과 '에너지'라는 키워드가 함께 검색되거나 '문재인 후보는 한층 강화된 에너지 분야 공약을 발표하였다'와 같이 특정 텍스트 내에 '문재인'과 '에너지'가 함께 등장하면 이 두 키워드 간의 관계성을 정의하는 것이다. 공통 키워드의 등장 빈도가 높아질수록 관계성도 높아지고 네트워크상의 링크도 점차 강력해진다.

이 네트워크를 통해 어떤 정보를 도출할 수 있을까? 먼저 각 키워드 간의 관계를 파악할 수 있다. 예시의 네트워크 관계도를 통해 문재인 후보는 에너지 관련 공약, 5·18 민주화운동 관련 공약과 연결성이 높으며, 안철수 후보는 바이오 분야와 4차 산업혁명 관련 공약과 연결성이 높은 것을 파악할 수 있다.

두 번째로 유사한 의미를 가진 키워드들이 매우 군집되어 있는 것을 확인할 수 있다. '윤호중', '전해철', '송영길' 같이 특정 캠프에 소속된 인물들이 하나의 군집을 이루고 있고, '5·18 정신', '5·18 진상규명', '5·18 민주화운동'과 같은 유사한 의미를 가진 키워드가 또 다른 군집을 이루고 있는 것을 확인할 수 있다. 키워드 간의 연관관계를 네트워크로 도식화하면 공통으로 등장하는 유사한 키워드의 군집을 효과적으로 파악할 수 있다는 의미이다.

세 번째로 네트워크상에서 가장 중요한 핵심 키워드가 무엇인지 파악이 가능하다. '문재인'과 '더불어민주당'이라는 키워드가 가장 중심에 있고, 가장 많은 연결성을 유지하고 있음을 확인할 수 있다. 즉, 네트워크에서 '문재인'과 '더불어민주당'이 가장 핵심 키워드라는 것을 의미한다. 약간 비약을 해보자면 텍스트 데이터에 기반해 선거 결과를 높은 수준으로 예측할 수 있다는 해석이 가능하다.

비즈니스적으로도 다양한 응용이 가능하다. SNS상에서의 소셜 비즈를 네트워크로 표현하고 핵심 키워드를 도출해보면 사회적으로 가장 관심 있는 트렌드가 무엇인지 파악할 수 있다. 또한 특정 산업에 관련된 텍스트를 수집하여 네트워크 분석을 수행하면 해당 산업을 선두하는 브랜드가 무엇인지 효율적으로 파악이 가능하다.

전체 네트워크에서 핵심 키워드가 무엇인지를 파악하는 기준에는 여러 가지가 있다. 네트워크 분석을 도식화한 이미지를 살펴보자. J와 같이 연결이 많은 키워드를 핵심으로 간주할 수도 있고(연결 중심성, degree centrality), H와 같이 전체 네트워크의 흐름에서 가장 필수적인 키워드를 핵심으로 간주할 수도 있다(매개 중심성, Between centrality). 또는 P와 같이 다른 노드에서 평균적으로 가

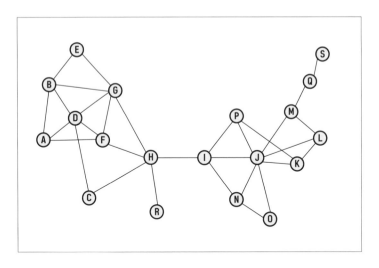

네트워크 분석의 도식화

장 접근성이 좋은 노드를 핵심으로 간주할 수도 있다(근접 중심성, Closeness centrality).

다만 의사결정자 입장에서 핵심 네트워크를 파악하는 구체적인 알고리즘에 대한 지식을 습득할 필요성은 낮다고 생각한다. 의사결정자에게 필요한 부분은 키워드의 관계성에 기반한 정보를 통해 의미 있는 인사이트 도출이 가능하고, 네트워크 분석을 통해 이를 효과적으로 수행할 수 있다는 사실을 인지하는 것이다. 네트워크 분석은 텍스트 분석을 통해 인사이트를 도출하는 일련의 과정에서 필수적인 단계라고 할 수 있다.

키워드를 임베딩하면 포지셔닝 분석이 가능하다?

네트워크 분석에서 살펴봤듯이 키워드 간의 관계를 분석하는 작업은 쓸모 있는 인사이트 도출을 가능하게 한다. 실제로 키워드의 관계성을 분석하기 위한 다양한 방법들이 제안되고 있다. 그 가운데 네트워크 분석만큼이나 빈번하게 사용되는 기법이 바로 키워드 임베딩embedding 기법이다. 임베딩 기법은 표상representation 기법이라고도 하며 고차원의 데이터 혹은 차원의 개념이 없는 데이터를 저차원 공간, 일반적으로 X, Y좌표로 표현할 수 있는 2차원 공간에 표현하는 기법이다.

네트워크 분석을 통해 각 키워드 간의 관계를 유추할 수 있었지만 엄밀히 말해 이는 상대적인 관계성을 표현하는 것이므로 절대적인 관계성이나 유사도를 의미하지 않는다. '스마트폰'과 '카메라', '스마트폰'과 '쇼핑', 이렇게 두 가지 관계성을 파악했다고 가정하자. 이 경우 세 단어의 상대적 관계성을 정의할 수 있는 네트워크는 다양하게 구성할 수 있다. 상대적인 관계성만을 고려하면 직접적인 관계가 정의되지 않은 '카메라'와 '쇼핑' 간의 관계성은 왜곡될 가능성이 있다. 따라서 상대적 관계성이 아닌 절대적인 거리에 기반해 키워드 간의 관계성을 정의하고자 하는 것이 바로 임베딩 분석의 목적이다.

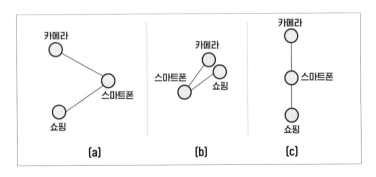

키워드를 통한 관계성 파악

    임베딩 분석에는 다양한 기법이 존재하지만 키워드들이 함께 등장하는 빈도를 고려하는 그 기본 원리는 네트워크 분석과 유사하다. 두 키워드가 동일한 텍스트 내에 빈번하게 함께 등장하거나 등장하는 단어들이 유사하다면 키워드 간의 거리를 가깝게 위치시키는 것이다. 유일한 차이점은 네트워크 분석에서는 상대적인 관계성을 높이는 반면 임베딩 분석에서는 좌표에서의 절대적인 거리를 가깝게 만든다는 것이다.

    상대적인 관계성이 아닌 좌표에서의 절대적인 거리를 기준으로 키워드들을 임베딩하면 네트워크 분석과 달리 모든 키워드 간의 절대적인 거리의 의미를 부여할 수 있게 된다. 예시와 같이 '러시아'와 '모스크바' 간의 절대적인 거리는 '일본'과 '도쿄' 간의 절대적 거리와 유사하고, 국가와 그 수도의 이름이라는 의미

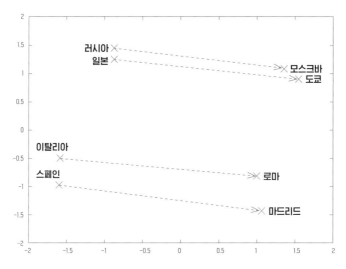

국가와 수도의 관계, 절대적인 거리를 기준으로 키워드를 임베딩한 결과

상의 관계도 동일하다. '이탈리아'와 '로마', '스페인'과 '마드리드'도 동일한 절대적 거리와 의미상의 관계를 보인다. 또한 임베딩 분석을 수행하게 되면 절대적 거리에 기반한 명시적 군집화가 가능하며 더 나아가 임베딩 분석을 특정 사업군 내에서 수행할 경우 포지셔닝 분석이 가능해진다.

　다음 예시로 립스틱 브랜드와 관련된 고객 리뷰 텍스트를 수집하여 임베딩 분석을 수행한 결과를 보자. 분석 결과를 통해 각 브랜드가 어떤 포지션에 위치해 있고, 경쟁하는 브랜드 혹은 목표로 삼아야 하는 브랜드는 어떤 것인지 효과적으로 파악

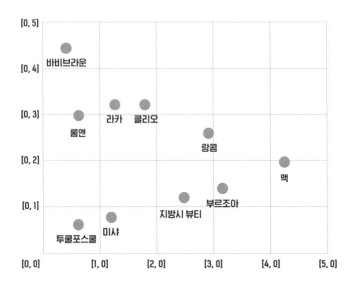

립스틱 브랜드의 고객 리뷰 텍스트를 수집해 임베딩 분석을 수행한 결과

이 가능하다. 다시 말해, 고객 리뷰 데이터 기반의 정량적인 포지셔닝 분석이 가능한 것이다. 기존 포지셔닝 분석은 제품의 가격, 판매량, 주 판매 고객 등의 메타 정보를 가지고 분석이 이루어진 것에 반해 고객 리뷰 데이터를 바탕으로 한 임베딩 분석은 실제 고객이 인지하는 브랜드 이미지, 제품 가치에 기반한 정량적인 포지셔닝 분석이 가능하다.

상대적인 관계성에 기반한 네트워크 분석과 절대적인 거리에 기반한 임베딩 분석은 유사한 원리를 공유하지만 추출할 수 있는 정보와 인사이트는 크게 다를 수 있다. 의사결정자는 이를 복합적으로 고려해 키워드 간의 관계를 분석해야 할 것이다.

합리적인 의사결정을 위한 데이터 역량을 키워라

지금까지 다루었던 워드 클라우드, 트렌드 분석, 네트워크 분석, 임베딩 분석의 공통점은 무엇일까? 모두 키워드를 분석하는 방법이라는 것이다. 텍스트 데이터를 분석하는 데 키워드, 즉 단어 레벨의 분석은 인사이트 도출에 있어 가장 핵심적인 접근 방법이다. 하지만 그 못지않게 중요한 분석이 바로 문장 및 문서 레벨의 텍스트 분석 방법이다.

워드 클라우드와 트렌드 분석을 다루면서 감성 분석을 언급한 바 있다. 감성 분석sentiment analysis은 사용자의 의견이나 리뷰가 긍정적인지, 부정적인지, 혹은 중립적인지를 파악하는 분석이다. 사용자의 의견을 분석 대상으로 하기 때문에 종종 오피니언 마이닝opinion mining이라고도 한다. 앞서 전체 텍스트를 세분화하여

화장품 리뷰 데이터의 감성 분석 수행 결과

고객의 만족 요인이나 불만 요인을 보다 더 명확하게 파악해 보았다. 따라서 감성 분석은 텍스트 분석의 시작점에 해당하는 과정이라고 할 수 있다.

다른 분석과 마찬가지로 감성 분석도 분석 데이터가 구체적일수록 높은 효용을 발휘한다. 화장품 리뷰 데이터에 대해 감성 분석을 수행한 그래프를 살펴보자. 전체 데이터에 대한 감성 분석이 아니라 고객의 특성에 따라 데이터를 세분화한 다음 추가적인 감성 분석을 진행한 결과이다. 데이터를 세분화한 이후 감성 분석을 진행하게 되면 고객 전체가 아닌 각 고객 세그먼트 내에서의 반응을 보다 구체적으로 파악할 수 있다. 그래프에서 보

단어: 별로다   입력

어근: **별로**

감성: -1 (부정)

단어: 좋다   입력

어근: **좋**

감성: 2 (매우 긍정)

감성 분석을 위해 정의된 사전의 예시

듯 고객의 나이, 피부 타입 등 개별 세그먼트 내의 감성 분석 결과가 다른 세그먼트의 결과와 다르다는 것을 확인할 수 있다.

감성 분석은 전형적인 분류 문제이다. 2부의 '데이터 시각화'에서 다루었듯이 정답이 있는 학습 데이터로 머신을 학습시키고 이를 통해 감성을 분류하는 것이 기본적인 감성 분석의 절차이다. 하지만 텍스트 데이터의 경우에는 머신을 학습시키지 않고도 미리 정의한 사전에 기반해 휴리스틱heuristic한 감성 분석도 가능하다. 예시를 살펴보면, 텍스트에 포함되어 있는 단어의 긍정 혹은 부정 점수를 합하여 최종적인 감성 분석의 결과를 도출하게 된다.

물론 미리 정의한 사전은 그 정확도에 있어 한계가 명확하다. 매 순간 새롭게 생성되는 신조어들을 실시간으로 사전에 반영하는 것은 불가능하고, 다양한 전문 분야에서 사용되는 용어를 사전에 일괄적으로 반영하는 것 역시 어렵기 때문이다. 또한 '미치다'와 같이 맥락에 따라 긍정적인 의미로 분류할 수도 있고 부정적인 의미로 분류할 수도 있는 경우가 빈번하게 발생하기 때문이다.

그럼에도 사전에 기반한 감성 분석 방법은 방대한 양의 학습 데이터가 불필요하다는 점에서 상당한 강점이 있다. 의사결정자 입장에서는 감성 분석의 중요성을 인지하는 것이 우선시 되겠지만 감성 분석을 위해 어떤 접근 방법을 사용할지에 대한 의사결정도 중요하다. 접근 방법에 따라 소요되는 시간과 비용, 그 정확도에 있어서 취사선택이 발생하기 때문이다.

분류를 위한 필수 단계, 텍스트 수치화

감성 분석에서 가장 기본적인 작업은 바로 수치화다. 감성 분석의 정확도를 높이기 위해 사전 기반의 접근 방법이 아닌 머신 학습 기반의 접근 방법을 적용하기 위해서는 텍스트 데이터를 머신이 처리할 수 있도록 수치화시키는 것이 필수적이다. 텍스트 데이터, 그중에서도 문장이나 문서를 수치화시키는 다양한 방법이 제안되었는데 문장이나 문서가 포함하고 있는 단어를 기준으로 수치화시키는 방법이 가장 일반적으로 활용된다.

가장 직관적인 방법으로 문서가 포함하는 단어의 개수를 세 리뷰 1 : 지속력 최고 좋아요. 마음에 들어요.

리뷰 2 : 색감 최고 최고 최고! 지속력 최고 최고 최고! 이뻐요.

리뷰 3 : 웜톤에 어울려요. 최고 이뻐요.

	지속력	좋아요	마음에	들어요	색감	최고	이뻐요	웜톤에	어울려요	
리뷰1	1	1	1	1	0	1	0	0	0	⇒ [1, 1, 1, 1, 0, 1, 0, 0, 0]
리뷰2	1	0	0	0	1	6	1	0	0	⇒ [1, 0, 0, 0, 1, 6, 1, 0, 0]
리뷰3	0	0	0	0	0	1	1	1	1	⇒ [0, 0, 0, 0, 0, 1, 1, 1, 1]

단어 빈도를 기반한 수치화(단어주머니 방법)

는 방법을 생각해볼 수 있다. 문서에 포함된 모든 단어를 나열하고, 각 단어의 빈도를 기반으로 수치화하는 방법을 단어주머니 방법Bag-of-words이라고 부른다. 예시는 세 개의 리뷰를 단어주머니 방법으로 수치화한 결과이다. 전체 텍스트에 포함된 단어 수만큼의 차원이 생성되고, 각 문서가 포함하고 있는 단어의 빈도를 통해 수치화가 이루어진다.

단어주머니 방법은 직관적이라는 장점으로 인해 널리 활용되지만 몇 가지 단점이 있다. 먼저 단어의 개수만큼 차원을 생성해야 하기에 대규모의 데이터에서는 비효율적이다. 실제 텍스트 데이터를 분석해보면 단어의 개수가 수만 개 이상 넘어가는 경우가 빈번하기 때문이다. 다만 데이터 분석의 정확도보다는 데이터 분석의 효율성과 관련된 측면이기 때문에 의사결정자가 필수적으로 알아야 할 사항은 아니다.

또 다른 단점으로는 단어주머니 방법에서는 각 단어의 중요도가 다르다는 속성이 반영되지 않는다. 앞서 예시의 '리뷰 1'과 '리뷰 2'는 모두 지속력에 대해 언급하고 있다는 점에서 유사한 리뷰라고 분류할 수 있다. 하지만 '최고'라는 표현을 사용한 빈도가 1과 6으로 상당한 차이를 보인다. 이 때문에 수치화 결과로만 판단하면 자칫 의미적으로 거리가 있는 리뷰로 오판할 가능성이 있다. 특히 '최고'라는 표현은 긍정적인 리뷰에 많이 언급되는 표현이기 때문에 단어의 빈도가 리뷰의 의미적 거리 판단에 주요 요인으로 작용하는 것은 지양해야 한다. 따라서 단어주머니 방법을 적용하는 경우에는 일반적으로 각 단어의 중요도를 고려하는 보정 방법을 사용한다.

예를 들어, '최고'와 같이 다수의 긍정 평가에 빈번하게 등장하는 단어의 중요도는 낮추고, '웜톤에', '색감'과 같이 일부의 리뷰에만 등장하는 단어의 중요도는 상대적으로 높이는 방법을 적용하는 것이다. 일반적으로 일부 리뷰에만 등장하는 단어는 다른 리뷰와의 의미적 차이를 유발하는 핵심 키워드인 경우가 많기 때문에 이는 꽤 합리적인 접근 방법이라고 할 수 있다. 이런 보정 방법을 'TF-IDF^{Term-frequency-inverse-document-frequency}'라고 부른다.

단어주머니 방법 이외에 널리 사용하는 수치화 기법은 앞서

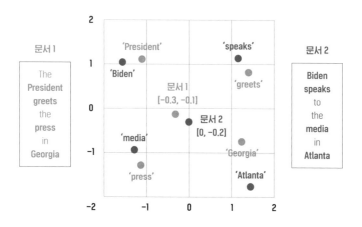

단어주머니 방법의 유사성 왜곡

살펴본 임베딩에 기반한 방법이다. 임베딩 기법을 통해 단어들을 2차원 좌표 공간에 표현하고, 단어 간의 물리적 거리가 실제 의미적 거리로 동일하게 치환될 수 있음을 확인하였다. 즉, 2차원 공간의 좌표 정보가 텍스트의 의미를 직접적으로 표현하고 있다는 뜻이다. 이는 임베딩 기법에 기반한 텍스트 수치화의 가장 핵심적인 장점이다. 예시의 '문서 1'과 '문서 2'는 사실상 동일한 의미를 가진 문장이다. 'President'라는 표현 대신 'Biden'이라는 이름을 사용했고, 'Georgia'라는 주 이름 대신 'Atlanta'라는 주도의 이름을 사용했을 뿐이다.

하지만 공통으로 사용한 단어는 없기 때문에 단어주머니 방법으로는 전혀 다른 수치화 결과를 보여주는데 이는 문서의 의미상 유사성을 왜곡하게 된다. 반면에 임베딩 기반 수치화는 문서에 포함된 단어의 의미를 기반으로 문서를 표현하기 때문에 유사한 의미를 가진 문서는 좌표 공간에서도 비슷한 위치에 표현된다. 따라서 이 좌표 값을 활용하여 문서를 수치화하면 의미상의 유사도를 고려한 효과적인 수치화 결과를 얻을 수 있는 것이다. 예시에서도 '문서 1'과 '문서 2'는 [-0.3, -0.1], [0, -0.2]와 같이 의미의 유사성에 비례하여 수치화 결과 매우 유사함을 알 수 있다.

단어주머니 방법과 임베딩 기반 기법은 텍스트 수치화에서 가장 많이 활용되는 기법이다. 의사결정자 입장에서 각 방법의 구체적인 알고리즘을 파악할 필요성은 낮아 보인다. 하지만 문서 수치화는 텍스트 분석의 시작이라고 할 수 있는 감성 분석의 필수적인 단계이다. 문서 수치화 기법의 종류와 장단점을 파악하는 것은 합리적인 의사결정을 돕는다.

텍스트 군집화를 통해 무엇을 할 수 있을까?

앞서 분석할 텍스트가 세부적으로 나뉠수록 더 구체적이고 명확한 인사이트를 도출할 수 있다고 설명한 바 있다. 텍스트를 긍정과 부정으로 분류하는 감성 분석 이외에 텍스트를 세부적으로 나눌 수 있는 또 하나의 방법은 텍스트 군집화이다. 4부에서 논의했듯이 군집화는 데이터 간의 거리에 기반해 유사한 데이터를 몇 개의 군집으로 나누는 작업이다. 따라서 텍스트를 수치화하게 되면 객관적인 거리 측정이 가능하고, 이 결과를 기반으로 텍스트 군집을 나눌 수 있게 된다.

물론 군집화는 감성 분석에서의 긍정과 부정처럼 각 군집의 성격이 사전에 정해진 것이 아니고, 임의로 생성된 군집들을 차후 리뷰해 군집의 속성을 어림잡아 파악하는 단계가 필요하다. 그럼에도 불구하고 텍스트 데이터를 세분화하여 각 군집에서 보다 구체적이고 명확한 인사이트를 도출할 수 있다는 점에서 강력한 효용을 발휘한다.

휴대폰에 대한 고객 리뷰를 수치화한 다음 군집화를 수행한 [도식 1]을 보자. 각 군집에 대한 리뷰를 통해 '카메라 크랙', '배터리 수명', '연결 문제'와 같이 군집의 속성을 정의하였다. 이를 통해 전체 고객의 리뷰가 어떠한 군집으로 구성되어 있는지를 파악할 수 있다. 또 각 군집별로 워드 클라우드, 네트워크 분석 등을 추가적으로 수행함으로써 각 군집 내에 어떤 이슈들이 있는지를 보다 구체적이고 명확하게 파악할 수 있다.

트렌드 분석을 통해 전체 데이터를 군집화한 다음 분석을 진

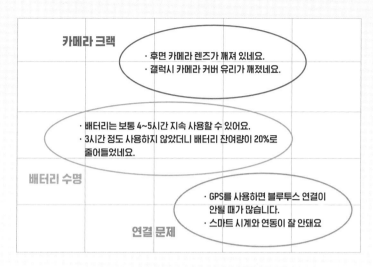

[도식 1] 휴대폰에 대한 고객 리뷰 군집화 값

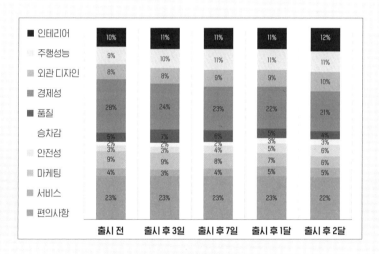

[도식 2] 리뷰 데이터를 바탕으로 군집별로 트렌드 분석을 수행한 결과

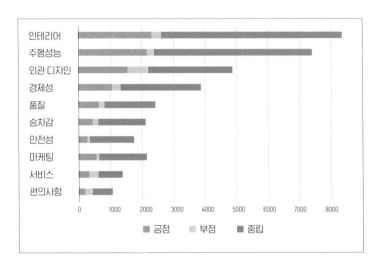

[도식 3] 군집분석 데이터에 감성 분석을 추가로 수행한 결과

행하면 더 높은 효용을 얻을 수 있다. 자동차 리뷰 데이터를 군집화한 이후 군집별로 트렌드 분석을 수행한 [도식 2]를 보자. 이를 통해 전체 관심사의 추이뿐 아니라 품질, 디자인, 주행 성능 등 개별 군집에 대한 구체적인 트렌드 추이를 확인할 수 있다.

[도식 3]은 동일한 자동차 리뷰 텍스트 데이터를 군집화한 이후, 추가적으로 감성 분석을 수행한 결과이다. [도식 2]와 유사하게 제품 전반에 대한 긍정 혹은 부정 평가뿐 아니라 개별 군집에 대한 고객의 반응을 구체적으로 파악할 수 있다. 실제 각 군집별로 상당히 다른 감성 분포를 보이는 것이 드러난다.

군집분석은 우선순위 측면에서 빈도 기반 분석이나 감성 분석에 비해 텍스트 분석 전체 과정에서 누락되는 경우가 종종 발생한다. 하지만 군집분석이 빈도 기반 분석이나 감성 분석의 결과를 더욱 명확하고 구체적으로 드러낼 수 있다는 점을 고려한다면 의사결정자 입장에서 반드시 인지해야 하는 분석 방법이다.

텍스트 분석을 잘하려면?

텍스트 데이터는 누구나 쉽고 자유롭게 생성할 수 있다. 실제로 텍스트 데이터는 사용후기, 불만 사항, 커뮤니티 댓글, SNS 버즈 등 비즈니스 대상에 해당하는 대중의 직접적인 생각과 의견을 담고 있는 유일한 데이터이다. 이렇게 가치 있는 데이터가 전체 데이터의 80% 이상을 차지한다는 점은 텍스트 데이터 분석을 통한 인사이트 도출의 효용을 단적으로 보여준다.

반면에 텍스트 데이터는 비정형 형태의 특성으로 인해 그 수집 과정에서부터 전처리 과정, 수치화 과정까지 다른 데이터와 비교해 추가적인 정제 과정이 요구된다. 정제 과정에 많은 시간과 노력이 소요됨은 물론이고, 각 과정에서 어떤 방법을 적용할지에 대한 의사결정도 요구된다.

그렇다면 텍스트 데이터 분석을 제대로 수행하기 위해서는 어떤 점을 고려해야 할까? 가장 먼저 올바른 분석 대상을 선택했는지에 대한 고찰이 필요하다. 내가 수집하고자 하는 데이터 소스에 대한 파악이 중요하다. 예를 들어, 블로그의 리뷰 글을 통해 고객의 반응을 파악하고자 하는 의사결정자는 블로그의 글에는 고객의 실제 의견인 진성 리뷰뿐 아니라 광고성 리뷰들도 함께 포함되어 있음을 인지해야 한다. 광고성 리뷰를 분석에 포함하게 되면 실제 고객의 반응을 분석하는 데 커다란 왜곡이 발생하기 때문이다.

또 다른 예로 유튜버의 댓글을 통해 제품에 대한 평가를 도출한다고 가정해보자. 의사결정자는 유튜브 댓글에 제품에 대한 의견보다는 "잘 봤어요"와 같은 제품과 무관한 댓글이 월등히 많다는 점을 인지하고 있어야 한다. 따라서 추가적인 처리 없이 분석을 진행하게 되면 무의미한 분석 결과가 도출된 가능성이 짙다. 즉, 수집하고자 하는 데이터가 어떤 특성을 가지고 있는지, 그리고 얻고자 하는 질문의 답을 포함하고 있는지를 반드시 고민해야 한다. '쓰레기를 넣으면 쓰레기가 나온다Garbage in, garbage out'라는 데이터 분석의 기본 전제를 명심하자.

두 번째로 데이터 분석에 요구되는 정제 과정들이 결과에 미치는 영향이 생각보다 크다는 것을 이해해야 한다. 실제로 전처리 및 수치화 과정이 텍스트 데이터 분석 결과에 큰 영향을 끼친다는 것은 다수의 연구를 통해 증명된 바 있다. 따라서 단 한 번의 텍스트 데이터 분석 결과를 맹신할 것이 아니라 분석 과정에서 충분히 다양한 정제 과정을 진행하고 다방면의 분석을 진행하고 있는지를 항상 의심해야 한다. 이는 의사결정자에게도 중요한 고려사항이다.

마지막으로 텍스트 데이터 분석이 미지의 무언가를 한방에 깨우쳐주는 마법이라는 착각에서 벗어나야 한다. 텍스트 데이터 분석을 통해서 의미 있는 인사이트는 자동으로 도출되지 않는다. 최대한 논리적이고 합리적인 모델을 설계한 후 데이터에 적용함으로써 구체적이고 정량적인 결과를 추정해야 하는 것이다. 이는 내가 가진 질문이 구체적이고 도메인 지식(특정한 전문화된 학문이나 분야의 지식)이 심층적일수록 결과의 효용도 높아진다. 따라서 유의미한 텍스트 데이터 분석을 위해서는 끊임없이 의심하고 지속적인 탐구를 해야 할 필요가 있다.

부록 | 빅데이터 직업 제대로 알기

현재 빅데이터 관련 직종은 크게 여섯 가지로 나눠볼 수 있다. 먼저, 데이터 애널리스트가 있다. 데이터 애널리스트는 잘 만들어진 도구를 배워서 자신의 업무에서 필요한 데이터 분석을 수행하는 사람들이다. 관련 교육과 훈련을 최소한만 받고도 수행할 수 있다. 현재 많은 기업에서 엑셀을 주로 활용하고 있으며, 전공과 무관하게 데이터 교육을 통해 분석을 수행할 수 있다.

둘째, 데이터 엔지니어가 있다. 이들은 여기저기 흩어져 있는 데이터를 찾아 한곳으로 모아 빅데이터 플랫폼을 구축하고, 데이터 사이언티스트가 쓸 수 있게 데이터를 정리해주는 역할을 한다. 컴퓨터공학을 전공한 사람들이 주로 이 작업을 수행하며, 이들이 없으면 빅데이터 일은 사상누각이 된다. 최근 컴퓨터공학을 전공하는 학생들은 진로를 결정할 때 대다수가 데이터 사이언티스트를 선호하고 엔지니어 일에는 큰 관심을 두지 않는다. 만약 당신이 속한 회사에 이 직무를 수행하는 이들이 있으면, 충분한 대우를 해야 할 것이다.

셋째는 데이터 사이언티스트다. 데이터 사이언티스트는 데이터를 분석해 인사이트를 만들어내는 역할을 한다. 요즘 가장 뜨거운 구애를 받는 직종이다. 기업마다 데이터 사이언티스트의 확보 문제로 골머리를 앓고 있다. 교육부와 대학 내의 규제로 인해 공급이 너무 적어 수요를 도저히 따라가지 못하고 있다. 구직난이 아닌 구인난이 생기는 것이다. 데이터 애널리스트와의 차이는 고도의 분석 알고리즘, 머신러닝, 딥러닝을 자유자재로 구사한다는 점이다. 이들은 컴퓨터공학, 산업공학, 통계학 분야에서 석사나 박사학위를 소지하고 있다.

넷째는 데이터 리서처이다. 이들은 기술적으로 빅데이터 인공지능 분야의 고수들이다. 데이터 사이언티스트들이 사용하는 알고리즘을 만드는 대학 교수, 연구소 연구원, 그리고 구글, 페이스북, 아마존 같은 초대기업의 연구자들이다. 거의 다 관련 분야의 박사학위를 소지하고 있다.

다섯째, 시티즌 데이터 사이언티스트다. 현업 또는 의사결정자이면서 동시에 빅데이터에 대해 잘 이해하고 기본적인 분석은 스스로 할 수 있는 파워 유저들이다. 데이터 사이언스 전공이 아닌 사람이 도달할 수 있는 최고 수준이며, 국내에서도 해외에서도 극소수다. 비전공자라면 바로 이 분야에 도전해야 한다.

여섯째, 마지막으로 데이터 앙트프레너가 있다. 빅데이터로 사업을 시작하는 창업자다. 앞에서 언급한 사람 누구나 할 수 있다. 하지만 시티즌 데이터 사이언티스트가 현업의 가치를 가장 잘 이해하고 있으므로 성공 확률이 가장 높다고 할 수 있다.

하루에도 엄청난 양으로 쌓이는 빅데이터를 분석할 사람이 필요하다. 그래서 이를 담당할 데이터 사이언티스트에 대한 수요가 나날이 증가하고 있는 것이다. 현재 미국의 경우 20개 대학이 일찌감치 데이터 분석 석사 과정을 마련했고, 우리나라도 이 분야 인재양성을 추진 중에 있다.

빅데이터를 다각적으로 분석하고, 조직의 전략 방향을 제시하는 기획자이자, 전략가인 데이터 사이언티스트의 수요는 크게 증가하고 있다. 빅데이터는 과학적 의사결정의 기초이자, 기업과 국가의 생산성 향상에 기여하는 혁신 도구이다. 빅데이터를 가공하고 분석하여 그 이면에 존재하는 의미를 해석하는 데이터 사이언티스트가 절실히 필요하다. 2015년부터 연차적으로 시행된 소프트웨어 중심 대학 사업은 전국적으로 40개 대학이 선정되었고, 머지않은 장래에 매년 1000여 명의 데이터 사이언티스트를 배출할 것으로 보인다.

데이터 분석 석사 과정을 제공하는 미국의 대학교

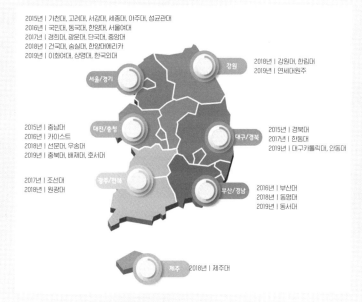

소프트웨어 중심 대학 사업에 집중하고 있는 국내 대학교

Q. 데이터 격차를 해결할 수 있을까?

확실히 데이터 격차는 점점 심해지고 있다. 현재 우리나라에서는 네이버, 카카오, SKT, KT가 상당한 양의 데이터를 소유하고 있다. 쿠팡의 경우도 소유 데이터가 방대해서 수천 억의 손실을 보는 회사임에도 일본의 소프트뱅크 손정의 회장이 거액을 투자하지 않았나.

미국의 경우는 구글이나 아마존, 페이스북에 데이터가 많다. 우리의 일거수일투족이 소셜미디어에 기록되면서 이 모든 것이 전부 데이터로 확보되고 있다. 사실 이로 인한 데이터 독점은 상당히 큰 문제다. 그래서 유럽에서는 개인정보보호규정GDPR이라는 법을 만들어 유럽에서 얻은 데이터를 유럽 밖으로 유출하지 못하게 하고 있다. 이 법안에는 취득한 데이터를 사용할 때 개인에게 허가받도록 하는 등의 조항도 있다. 만일 이를 지키지 않을 시 매출의 3%까지 벌금을 매길 수 있는데, 수익의 3%가 아니고 매출의 3%이니 어마어마한 벌금이 아닐 수 없다.

데이터 독점의 실세 중 하나가 정부임에도 우리는 정부에 대해서는 그다지 두려움을 느끼지 않는다. 사실상 기업 못지않게 두려워해야 하는 대상도 정부라는 사실을 잊지 말아야 한다. 그리고 개인정보 보호의 측면이 아닌 개인정보 활용의 측면에서 보자면, 데이터 격차 해소를 위해서는 데이터 공유에 대한 인식이 높아져야 한다. 모두가 공공 데이터 개방에 관심을 가져야 할 때다.

Q. 컴퓨팅은 무엇이고, 알고리즘은 무엇인가?

먼저 컴퓨팅이란 입력된 정보가 변환되어 출력되는 과정을 의미한다. 예를 들어, 사람의 사진을 입력하면 그 사람의 이름이 출력되고, 바둑판 상황을 입력하면 최선의 다음 수가 출력되는 것이다. 또 운전자에게 보이는 도로 영상을 입력하면 페달 및 핸들의 적절한 조작법과 같은 운전 조치가 출력되는 것이다. 대출 신청서를 입력하면 심사 결과를 출력하는 것도 컴퓨팅이다.

알고리즘은 컴퓨팅하는 절차다. 이미지의 어느 부분을 어떻게 보고 이름을 출력할 수 있는지를 세세하게 정해놓은 것이다. 일종의 요리 레시피와 유사하다. 즉, 단계별로 해야 하는 액션을 순서대로 적은 것이다. 이때 레시피는 의미가 모호하지 않아야 하며, 실행할 수 있어야 하고, 반드시 언젠가는 종료되어야 한다. '후추를 적당히 뿌리고'라든가 '코끼리를 냉장고에 넣고' 같은 명령어가 포함된 레시피는 알고리즘이라고 하지 않는다.

한편, 머신러닝이란 요리하는 방법을 데이터로부터 자동적으로 배우는 것이다. 즉, 수많은 재료-요리 조합의 데이터를 주면 레시피를 자동으로 추출하는 것이다. 물론 그 자동으로 추출하는 방법 또한 알고리즘으로 표현한다. 컴퓨터 프로그램이란 알고리즘을 컴퓨터가 이해할 수 있게 특정 언어로 번역한 것이다. 따라서 해당 컴퓨터 언어를 모르는 사람이 보면 전혀 이해할 수 없다. 우리가 초중고 학생들에게 코딩을 가르치는 이유 가운데 하나가 사람의 뇌와는 다르게 작동하는 컴퓨터의 뇌, 즉 컴퓨터의 작동 원리를 이해시키기 위한 것이다.

Q. 통계와 인공지능은 어떻게 다른가?

차이점보다는 공통점이 더 많다. 데이터로부터 인사이트, 지식, 명제를 도출하는 '귀납적 추론'을 한다는 면에서 동일하다. 다만 사용하는 방법론과 용어가 다르며 역사적 배경이 달라서 강조하는 부분에서 차이가 있다.

통계학은 데이터가 극히 희박하던 시절의 학문이다. 모집단과 표본이라는 개념이 매우 강하고 이를 논리적으로 뒷받침해야 하기 때문에 수학적인 방법론이 매우 중요하게 활용된다. 한편, 인공지능이나 머신러닝은 빅데이터 시대에 등장한 개념으로 표본이 아닌 전수, 즉 모집단을 대상으로 하여 분석한다. 따라서 수학적인 방법론보다는 실용적이고 자유로운 방법론이 개발되고 있다.

흔히 말하듯, 통계학은 데이터가 많지 않아 이론이 발전했고(data poor, theory rich), 인공지능은 데이터가 많아 이론이 덜 발달했다(data rich, theory poor). 사실 빅데이터 초기에는 양쪽 학문 사이에 긴장감이 맴돌았다. 그러나 이제는 서로가 서로에게 배울 부분이 많다는 걸 깨닫고, 교류하고 선의의 경쟁을 벌이며 두 분야 모두 획기적으로 발전하고 있다.

Q. 최근 머신러닝 모델 중 딥러닝 모델이 가장 많이 사용되는 이유는?

딥러닝은 데이터의 수가 늘어나면 늘어날수록 그 성능이 선형적으로 증가한다. 반면 기존 머신러닝 알고리즘은 데이터의 양이 어느 정도 많아지면 성능도 따라서 향상하지만 어느 지점 이상이 되면 데이터 양이 아무리 많아져도 성능은 그다지 향상되지 않는다. 따라서 데이터의 양이 굉장히 많은 분야에서는 딥러닝의 성능이 다른 모델보다 압도적으로 뛰어날 수밖에 없다.

예측 성공률이 높을 수밖에 없는 것이다. 특히, 빅데이터가 쏟아져 나오고 있는 이미지, 영상, 텍스트 분야에서 딥러닝은 다른 알고리즘을 압도하고 있다.

인간의 호기심은 인공지능과 머신러닝의 무한한 발전을 가져오는데, 실제로 향후 어떤 형태의 인공지능 서비스가 세상에 등장할지는 아무도 '예측'할 수 없다. 다만 예측할 수 있는 것은 앞으로도 우리 사회의 데이터 양은 지속적으로 증가할 것이고 그 복잡도 역시 증가할 것이라는 사실이다.

Q. 군집 결과의 타당도와 성능은 어떻게 평가해야 할까?

군집 결과는 개체 간, 그리고 군집 간의 거리에 따라 달라질 수 있을 뿐 아니라 어떠한 군집 방법을 사용하였는가에 따라 달라질 수 있다. 따라서 군집의 타당도를 평가하는 것은 매우 중요하며 이것이 군집의 성능을 결정하는 요소가 된다.

군집을 평가하는 방법은 군집화의 목적과 밀접한 관련이 있다. 군집화의 목적은 같은 군집 내에는 유사한 개체가 모여 있도록 하고, 서로 다른 군집 간에는 특징이 구별되는 서로 다른 개체가 있도록 하는 것이다. 따라서 이를 수량화하여 군집의 성능을 알아볼 수 있다.

먼저 군집 내에서 유사한 개체가 모여 있는 정도를 군집의 '압축 정도compactness' 또는 '군집 응집도cluster cohesion'라 하는데, 군집 내에서의 개체 간 변동으로 정의한다. 이 값이 작을수록 압축률이 높다고 평가한다. 또는 군집 내에서의 개체 간 거리들의 평균 거리로 압축 정도를 나타내기도 한다. 한편, 군집 간 개체가 얼마나 잘 '분리separation'되어 있는지도 측정할 수 있다. 각 군집에서의 중심을 구하고 중심 간의 거리가 멀수록 분리가 잘 되어 있다고 평가할 수 있다. 그러므로 '분리도/압축 정도'의 값으로부터 군집의 성능을 평가할 수 있다. 이 값이 클수록 군집화가 잘 된 경우라고 판단하는 것이다. 이 값은 계층적 군집분석을 통해 군집의 개수를 정하는 문제에도 활용될 수 있다. 이 방법 외에도 압축 정도와 분리 정도를 기본으로 하여 군집의 성능을 평가하는 지표가 많이 연구되어 있다.

많은 문제에 대해 이미 좋은 해결 방법이 연구되어 있기도 하지만 우리가 궁금해하고 상상하는 아직 해결되지 않은 문제들도 있다. 이 책에서 소개한 군집분석의 개념은 비전공자들도 이해하기 쉽도록, 거리를 기반으로 하는 군집분석 방법론을 기술하였다. 책에서 소개한 방법 이외에도 좋은 성능으로 알려진 많은 방법론이 개발되어 있으며, 데이터에 따라 적절하면서도 서로 다른 방법론이 선택될 수 있다.

텍스트 분석에서 자연어 처리와
텍스트 마이닝은 어떻게 다른가?

최근 수년간 텍스트 데이터 분석 관련 키워드로 자연어 처리와 텍스트 마이닝이라는 용어가 빈번하게 등장하고 있다. 프로그래밍 언어처럼 누군가 만들어낸 인공어와 구분되는 개념으로, 우리가 일상적으로 사용하는 한국어, 영어 등을 자연어라고 부른다. 따라서 자연어 처리에는 광범위한 텍스트 분석의 영역 중에서 특히 자연어 자체를 다루는 분석들이 포함된다. 자동 대화 생성, 언어 번역, 문법 교정 등을 예시로 들 수 있다.

반면 텍스트 마이닝에는 자연어를 다루기보다 텍스트에서 인사이트를 뽑아내는 분석들이 주로 포함된다. 본문에서 다루었던 워드 클라우드, 트렌드 분석, 네트워크 분석 등은 모두 텍스트 마이닝에 포함된다고 할 수 있다. 결론적으로 자연어 처리와 텍스트 마이닝은 모두 텍스트 분석의 일환이지만 구체적인 목적에 따라 구분되는 개념이다.

텍스트 분석은 그 유용성만큼이나 복잡한 정제 과정이 필요하다. 물론 가장 효과적인 접근 방법은 최적의 데이터를 직접 수집하여 적합한 분석 기법을 적용하는 것이지만 차선책으로 다양한 텍스트 분석 서비스를 활용할 수 있다.

한편, 자연어 처리는 영상 처리와 더불어 인공지능 분야에서 가장 큰 영역을 차지한다. 또한 비즈니스 측면에서도 최근 몇 년간 수많은 텍스트 분석 서비스가 출시되었으며, 현재에도 수많은 스타트업이 텍스트 분석 기반 기술 확보를 위해 매진하고 있다. 더욱이 지금까지의 추세로 미루어볼 때, 텍스트 데이터의 양적 비중은 점점 더 확대될 것이다. 때문에 텍스트 분석은 앞으로 유망한 분야라고 할 수 있겠다.

KI신서 10179

데이터 천재들은 어떻게 기획하고 분석할까?

1판 1쇄 발행 2022년 3월 30일
1판 6쇄 발행 2024년 3월 7일

지은이 조성준 조재희 김성범 이성임 조성배 이영훈
펴낸이 김영곤
펴낸곳 ㈜북이십일 21세기북스

서가명강팀장 강지은 **서가명강팀** 박강민 서윤아
디자인 THIS-COVER
출판마케팅영업본부장 한충희
마케팅2팀 나은경 정유진 박보미 백다희 이민재
출판영업팀 최명열 김다운 김도연 권채영
제작팀 이영민 권경민

출판등록 2000년 5월 6일 제406-2003-061호
주소 (10881) 경기도 파주시 회동길 201 (문발동)
대표전화 031-955-2100 **팩스** 031-955-2151 **이메일** book21@book21.co.kr

(주)북이십일 경계를 허무는 콘텐츠 리더

21세기북스 채널에서 도서 정보와 다양한 영상자료, 이벤트를 만나세요!
페이스북 facebook.com/jiinpill21   포스트 post.naver.com/21c_editors
인스타그램 instagram.com/jiinpill21   홈페이지 www.book21.com
유튜브 youtube.com/book21pub
서울대 가지 않아도 들을 수 있는 명강의! 〈서가명강〉
유튜브, 네이버, 팟캐스트에서 '서가명강'을 검색해보세요!

ⓒ 조성준·조재희·김성범·이성임·조성배·이영훈, 2022

ISBN 978-89-509-0022-9 03320